文明世界的「語言」與「文字」是永遠相互結合一起的；異言之，每一句所說出的話語，都有所結合的文字可以寫出。

客家語文因為長久被「統治語文」所替代，很少出現在公眾場所，就連客族人士在互通信息、相互往來的信件上，都很少使用；久而久之，就被忽略、被遺忘了。

　　兩三百年來，社會各階層、教育界、市面上所出現的字典、書籍，又都找不到標註「客語發音」者，而清一色被「統治語文」所涵蓋。雖然「客家語文」早就存在於「統治語文」之前，卻因為不使用在一般場合，說嚴重些，即使全以「客家語文」書寫，也未必能為客族人士接受；原因不外乎「客家語文漢字」失落，客族人士早已慣忱「無字客語」，以為許多「客語」沒有漢字可書寫；其實，所有「客語」都有相結合的文字 -「漢字」表達。

　　誠如前述，許多「客話漢字失落」以致客家語文無法全以漢字書寫，筆者乃有蒐集「客話漢字拾遺」之舉，將失落的、不常用的、用錯的「客話漢字」蒐集於此。謹請諸多同好不吝賜正，共襄傳承客家語文盛舉。

丁衡 謹識於密西根　2010 年 8 月

客話漢字拾遺

發音	漢字	字義及字例
A	扼	佔有、貪多。 　　扼恁多（A AN` DO 貪佔這麼多）。 　　扼揪矣（A CHIU UEv 全霸佔了）。
A	椏 枒	1、樹枝。如： 　　枝椏（GI A）。 　　樹椏（SU^ A＝PA` 樹枝）。 2、人手指足趾歧出的。 　　指椏（Z` A）。 　　腳椏（GIOG` A）。 又音 PA`, UA。
A	丫	1、頭上分叉的物件。如： 　　丫叉（A＝UA TSA 兩手交叉,樹木分叉）。 2、丫鬟＝丫嬛（A FANv 婢女）。 又音 UA。
Av	餡	包在粄、餃、包子中的餡。 　　粄餡（BAN` Av 包在米粄中的餡）。

		包餡（BAO Av 在米麵食物中包餡）。
A`	啞 哂 瘂	1、不能說話的人。如： 　　啞吱（A` Z 啞巴）。 　　聾啞（LUNG A`聽覺失靈，不會說話）。 　　啞狗（A` GIEU`罵人不開口說話）。 　　啞口無言（A` KIEU` Uv NGIANv 無話可說）。 　　裝聾作啞（ZONG LUNG ZOG` A` 假詐成聾子啞 　　　　　　巴）。 2、啞鈴（A` LINv 練肌肉的運動器材）。
A`	婭	婭壻（A` SE^ 姊妹的丈夫彼此互稱，就是連襟）。
A^	于	1、行動在動詞後的介詞，表示所到之處。 　　掛于壁上（GUA^ A^ BIAG` HONG^ 掛在牆壁 　　　　　　上）。 　　坐于在草上（TSO UA^ TSOI TSO`HONG^ 坐在 　　　　　　草上）。 　　企于樹底下（KI IA^ SU^ DAI` HA 站在樹 　　　　　　下）。 　　眠于眠床上（MINv NA^ MINv TSONGv HONG^ 　　　　　　躺在床上)。 2、行動到動詞、形容詞、副詞後的介詞,表示動作 　　持續時間或程度。 　　去于恁久（HI^ IA^ AN` GYU`去得那麼久）。 　　飼于蓋飽（TS^ A^ GOI^ BAU`餵嬰兒餵得很 　　　　　　飽）。 　　做于盡煞猛（ZO^ UA^ CHIN^ SAD` MANG 很 　　　　　　努力地做）。
A^	呵	打呵欠（DA` A^ HAN`）。
AD`	抑 閼	受了刺激,抑鬱在心中。 　　抑=閼鬱（AD` YUD` 憂悶）。 　　抑=閼死（AD` CI`心鬱結擁塞而死）。
AG`	握 扼 搹	用手抓住。 　　把握=扼=搹（BA` AG` 掌握）。 　　握=扼=搹手（AG` SU` 搭手、執手行禮）。
AG`	阨 阸	1、險要的地方： 　　險阨（HIAM` AG`）。 　　阨塞（AG` SAI^ 要塞）。 2、困窮： 　　困阨（KUN^ AG` 貧困）。 　　阨窮（AG` KYUNGv 窮困）。 3、道路狹窄： 　　阨隘（AG` AI^ 路窄）。
AG`	軶	牲畜拖車、拖農具用的，卡在頸上半月形的曲軶：

2

		牛軛（NGYUv AG`）。 負軛（FU^ AG` 擔負責任）。
AI	捱	拖延。 　怎會捱（AN` UOI^ AI 這麼會拖）！ 　捱怎久（AI AN` GYU` 拖這麼久）！ 　莫捱矣（MOG^ AI IEv 別拖時間了）！
AI	挨	1、順次。如： 　挨次（AI TS^ 順序）。 　挨戶（AI FU^ 順著門戶）。 2、靠近。如： 　挨兼（AI GIAM 接近）。 　挨近（AI KYUN^ 靠近）。 　挨穩（AI UN` 靠緊）。 3、受。如： 　挨餓（AI NGO^ 受著飢餓）。 　挨打（AI DA` 受打）。 　得挨且挨（DED` AI CHIA` AI 等待，拖延；能等 　　　就等）。
AM AM` IAM`	掩	遮蔽，覆蓋。 　掩護（AM＝AM`＝IAM` FU^ 遮蓋保護）。 　掩蓋（AM＝AM`＝IAM`　GOI^ 遮蓋、蓋蓋 　　　子）。 　掩面（AM＝AM`＝IAM`　MIEN^ 遮臉,蒙面）。
AM	庵 菴	1、尼姑的住寺。 　尼姑庵（NIv GU AM）。 2、圓形草屋： 　茅庵（MAUv AM）。
AM	醃	鹽漬食物： 　醃缸（AM GONG 醃漬食物的陶瓷缸）。 　醃菜（AM TSOI^ 醬菜）。 　醃瓜也（AM GUA E` 醬瓜,醃漬醬瓜用的 　　　瓜）。
AMv	啽	啽默（AMv MED^ 緘默）。 啽囈（AMv NGI^ 夢話。《列子·周穆王》 　：「眠中啽囈呻呼，徹旦息焉。」
AM`	俺	自稱： 　俺家（AM` GA）。
AM`	盦	盦盦仆（AM` AM` PUG` 身體、面向下仆倒）。

3

AM`	黯	黯淺（AM` CHIEN` 愚昧、糊塗。《文選·王褒·四子講德論》「鄙人黯淺，不能究識。」）
AM`	唵	1、要嬰兒開口餵食的勸進聲。 2、以掌送食物進口。 又音 MAM，MAMv。
AM^	諳	知曉、明白、背誦： 　　熟諳（SUG^ AM^）。 　　諳記（AM^ GI^ 背誦）。 　　諳誦（AM^ CYUNG^ 背誦）。 　　諳練（AM^ LIEN^ 熟悉而有經驗）。
AM^	黲	1、深黑色： 　　黲淡（AM^ TAM^ 慘淡無光的情景）。 2、心神沮喪貌： 　　黲然（AM^ IANv 離別悲傷貌）。
AM^	闇	1、昏暗不明： 　　闇昧（AM^ MI^）。 　　黮闇（TAM` AM^ 不明白的樣子。《莊子·齊物論》：「人固受其黮闇，吾誰使正之？」 　　闇然無光（AM^ IANv Uv GONG 晦暗無光）。 2、愚昧： 　　愚闇（NGIv AM^）。 　　闇弱（AM^ NGIOG^ 愚昧懦弱）。 3、闇練（AM^ LIEN^ 暗練，熟練）。
AN`	恁 偌	這麼，如此： 　　恁=偌呢(焉)（AN` NE 這樣，如此）。 　　恁=偌大（AN` TAI^ 這麼大）。 　　恁=偌高（AN` GO 這麼高）。 　　恁=偌細焉（AN` SE^ E 這麼小）！
ANG	罌	1、瓶子： 　　罌也（ANG NGE` 瓶子）。 　　酒罌也（JIU` ANG NGE` 酒瓶子）。 2、狀聲字。如： 　　罌咕（ANG GUv 嬰兒初出聲）。 　　讀音 IN、語音 ANG。

ANG^	盎 甕	1、盎然（ANG^ IANv 盛大貌。） 2、小口大肚瓦器、陶器。如： 　　酒盎（JIU` ANG^ 大酒甕）。 　　大盎（TAI^ ANG^ 大的瓦甕）。 3、盎司：Ounce, (oz.)：英美重量單位， 　　　　　16 (oz). = 1 磅。
ANG^	醠	濁酒。
ANG^	齆 齉	鼻塞。如： 　　齆鼻（ANG^ PI^）。 　　鼻齆齆（PI^ ANG^ ANG^ 鼻塞貌）。
AU	凹	陷下不平。 　　凹凸（AU TUD` 陷下或凸出）。 　　凹陷（AU HAM^ 低窪下去的）。 　　面凹凹（MIEN^ AU AU 臉部凹陷）。
AU	拗	拗蠻（AU MANv 反抗，不講理，強要，強 　　取）。
AU`	拗	折斷，折彎，使直，使彎曲： 　　拗斷（AU` TON 折斷）。 　　拗彎（AU` UAN 用力使之彎曲）。 　　拗直（AU` TSD^ 用力使之變直）。
AU^	譳	好辯。 　　譳王（AU^ UONGv 喜好辯論的人）。 　　譳贏矣（AU^ IANGv NGEv 辯贏了）。
BA	粑	糯米做的軟米版： 　　粢粑 = 餈粑（CHIv = TSv BA）。
BA	巴	1、形容手掌拍擊聲。 　　巴掌（BA ZONG`）。 2、盼望。如： 　　巴望（BA UANG^）。 3、奉承。如； 　　巴結（BA GIAD`）。 4、外語語譯。如： 　　巴士：Bus 大型載客汽車。 　　巴黎（BA LIv）：Paris 法國首都。 　　巴西（BA CI）：Brasil 南美一國家。 　　巴拉圭（BA LA GUI：Paraguai 南美洲一 　　　　　小國）。 5、爬蟲附著在人或動物身上吸血。如： 　　巴人（BA NGINv 附著在人身上以吸盤吸 　　　　　血：湖蛭巴人（FUv KIv BA NGINv）。

BA	粑	粢=粢粑（CHIv＝TSv BA）：糯米漿蒸熟的軟板或糯米煮熟後，搗打成的軟板。
BA	疤	傷痕。如： 疤痕（BA HEN）。 刀疤（DO BA）。 爛疤也（LAN^ BA E` 爛瘡疤）。
BA	笆	用竹、木、金屬或塑膠圍成的矮牆。 籬笆（LIv BA）。 竹籬笆（ZUG` LIv BA）。
BA	吧	外語語譯：Bar。 酒吧（JIU` BA）。 吧檯（BA TOIv）。
BAv	背 揹	馱在肩背上，同「揹 BAv」。 背＝揹人（BAv NGINv 將人背在背上）。 背＝揹嬰孲也（BAv ONG NGAv E` 背嬰兒）。 背＝揹鑊也（BAv UOG^ GE` 駝背，如背鍋子在背上）。
BAv. BA^	渒	飯煮太爛，如稀飯。 渒渒飯（BAv BA^ FAN^ 沒有煮乾的飯）。
BAD`	撥 拨	1、挑動。如： 挑撥（TIAU BAD`）。 撥弄是非（BAD` NUNG` S^ FI）。 2、分派。如： 撥開（BAD` DOI 挑開）。 撥動（BAD` TUNG^ 移動）。 撥冗（BAD` YUNG` 撥開繁忙的事）。 分撥（FUN BAD` 分發）。 撥去做出納（BAD` HI^ ZO^ TSUD` NAB^ 分派去當出納員）。 3、提出、調用。 撥錢（BAD` CHIENv 調用錢財）。 撥款（BAD` KUAN` 調用錢財）。 4、撥亂（BAD` LON^ 平治叛亂）。 又音 PAD`。
BAD`, UAD`	斡	由 UAD`音變音而來。車子轉彎，改變方向。 斡轉來（BAD`=UAD` ZON` LOIv 轉彎回來）。 斡不轉（BAD`=UAD` Mv ZON` 轉不回來）。 斡左片（BAD`=UAD` ZO` PIEN `向左轉彎）。
BAD`	缽 砵	陶器或金屬製的開口器皿。 煲缽也（BO BAD` LE`）。 盆頭煲缽（PUNv TEUv BO BAD` 盆子陶鍋等器皿）。

BAD^	潑 泼	1、玩水使水濺出。如： 　　潑水（BAD^ SUI`）。 2、沐浴、洗澡。如： 　　洗潑潑（SE` BAD^ BAD^ 洗澡）。 又音 PAD`
BAG`	攀	爬高，攀緣而上。 　　攀壁（BAG` BIAG` 攀緣牆壁）。 　　攀上樹（BAG` SONG SU^）。
BAG`	捭	不用他力的，自己打開。 　　捭目（BAG` MUG` 打開眼睛）。 　　捭嘴（BAG` ZOI^ 打開嘴巴）。
BAG`	擘 掰	用兩手分開。 　　擘開＝掰開（BAG` KOI 用手掰開）。 　　擘析＝掰析（BAG` SAG` 掰開成塊）。
BAG`	跋	1、　在草中行走、奔走、翻山越嶺。 　　跋涉（BAG` SAB^ 在地上走稱跋，在水中走稱 　　　　涉；形容旅途艱難）。 　　跋山（BAG` SAN 爬山）。 　　跋崎（BAG` GIA^ 上坡,爬坡）。 2、　同「攀 BAG`」爬高。 　　跋上樹（BAG`SONG SU^ 爬上樹）。 　　跋上兩樓（BAG`SONG LIONG` LEUv 爬上二 　　　　樓）。
BAG^	吸	抽煙： 　　吸煙（BAG^ IAN）。
BAG^	縛 缚	福佬話（河洛話）的「綁、繫」。如： 　　縛腳（BAG^ KA 纏腳）。 　　縛腳母（BAG^ KA MAv 纏腳女人。 　　　　　　又變音為（BAG^ HAv MAv）。 讀音 FUG^
BAI	跛	跛腳（BAI GIOG` 腳不良於行）。
BAI	臂	竹臂也（ZUG` BAI IE` 用以抹漿糊，挖藥膏的 　　　　竹片）。 冰臂也（BEN BAI IE` 冰棒棒棍、棒片）。
BAIv	排	1、　排列（BAIv LIED^）。 　　照排（ZEU^ BAIv 按照次序排列）。 　　排正來（BAIv ZANG^ LOIv 排好）。 　　排方直（BAIv MOv TSD^ 沒有排直）。 2、　擺設。 　　排桌凳（BAIv ZOG` DEN^ 排好桌凳）。
BAIv	屄	女子陰道的粗魯稱呼。屄（BID^，BIED`）的變音。 　　腟屄（Z BAIv）。

BAI`	擺	1、 搖動。 擺動（BAI` TUNG^）。 搖擺（IEUv BAI`）。 2、 陳列。 擺設（BAI` SAD`）。 擺景（BAI` GIN 排佈景、展覽）。 擺體面（BAI` TI` MIEN^ 充場面）。 3、 次數。 一擺（ID` BAI` 一次）。 每擺（MI BAI` 每次）。 擺擺（BAI` BAI` 每次）。 兩三擺（LIONG` SAM BAI` 兩三次）。 下二擺（HA^ NGI^ BAI` 下次）。 擺把馬（BAI` BA` E 偶而一兩次）。 4、 從前、過去、古代： 頭擺（TEUv BAI`）。 5、 休息： 轉擺（ZON` BAI` 轉換擺動方式、方向：工作後 休息）。 6、 足夠： 扐擺（LA^ BAI` 張開手扐表示制止，表示"夠 了!"）。 不扐擺（Mv LA^ BAI` 不夠）。
BAI`	襬	衣裙前後幅下端廣闊的部分： 前擺（CHIENv BAI`）。 裙襬（KYUNv BAI`）。
BAI^	簸	竹篾織成的,揚米去糠的圓盤形工具： 簸箕（BAI^ GI）。
BAN	扳	扳下來（BAN HA LOIv 電燈開關拉下來）。 扳上去（BAN SONG HI^ 推上去）。 扳回（BAN FIv 挽回）。 扳轉來（BAN ZON` LOIv 挽回）。 扳緊（BAN HENv 扶緊）。 扳穩（BAN UN` 扶住）。 扳扁擋（BAN BIEN` DONG` 移動鐵路分岔 道）。
BAN	斑	1、顏色夾雜。如： 斑紋（BAN FUNv 雜色花紋）。 斑白（BAN PAG^ 頭髮黑白參半）。 斑駁（BAN BOG` 色彩相雜）。 斑馬（BAN MA 有黑色條紋的馬）。

		斑馬線（BAN MA CIEN^ 道路中的人行安全穿越道）。 2、雜色點，同「瘢」。如： 　雀斑（CHIOG` BAN）。 　斑點（BAN DIAM`）。 　斑斑（BAN BAN 雜色點多）。 3、斑鳩（BAN GIEU 像鴿子,比鴿子略小,頸項有斑紋的鳥）。 4、斑斕（BAN LANv 有文采的樣子）。 5、斑鳩（BAN GIEU 像鴿而小，項有斑蚊）。
BAN	頒 颁	1、發下。如； 　頒發（BAN FAD` 發給）。 　頒獎（BAN JIONG` 發給獎狀獎品）。 2、宣布。如： 　頒布（BAN BU^ 公佈）。 　頒行（BAN HANGv 公佈施行）。
BAN`	粄	米粄： 　甜粄（TIAMv BAN`）。 　粄也（BAN` NE` 米粄）。 　芋粄（U^ BAN` 摻入芋頭的米粄）。 　面帕粄（MIEN^ PA^ BAN` 米漿蒸成面帕形的米粄，粄條）。 　蘿蔔粄（LOv PED^ BAN` 摻入蘿蔔的米粄）。
BAN`	阪 坂	斜地、山坡。如： 　大阪（TAI^ BAN` 日本一都市 Osaka）。
BAN`	舨	竹簰也（ZUG` PAIv IE` 竹筏子,渡筏）： 　舢舨（SAN BAN` 浮水渡筏）。
BAN`	闆	老闆（LO` BAN` 主管、頭家、店主、老板）。
BAN^	絆	絆腳（BAN^ GIOG` 腳受阻礙）。 絆人（BAN^ NGINv 糾纏或阻礙人辦事）。 絆緊（BAN^ HENv 以皮帶、布帶綁緊）。 絆橫人（BAN^ UANG^ NGINv 絆倒人)。
BAN^	扮	裝飾、化妝。 　打扮（DA` BAN^）。 　裝扮（ZONG BAN^ 化妝）。 　假扮（GA` BAN^ 裝假，裝扮成……）。
BAN^	拌	調和，攪混。 　拌勻（BAN^ YUNv 調和均勻）。 　攪拌（GAU` BAN^ 混攪在一起）。

	伴	1、作陪。如： 　同伴（TUNGv BAN^）。 　伴侶（BAN^ LI` 同伴）。 　老伴（LO` BAN^ 老的伴侶）。 　男伴（NAMv BAN^ 男同伴）。 　女伴（NG` BAN^ 女同伴）。 2、作陪。如； 　作伴（ZO^ = ZOG` BAN^）。 　冇伴（MOv BAN^ 沒有伴侶）。 　陪伴（PIv BAN^）。 　伴讀（BAN^ TUG^ 陪伴讀書）。 　伴遊（BAN^ YUv 陪伴旅行）。 　伴娘（BAN^ NGIONGv 結婚時的女儐相）。 　伴郎（BAN^ LONGv 結婚時的男儐相）。 　伴唱（BAN^ TSONG^ 以歌聲陪襯唱歌）。 3、伴奏（BAN^ ZEU^ 以樂器伴和;所有樂器的 　　　獨奏和人聲的獨唱都以鋼琴伴奏）。 亦音 PAN，PAN^。
BAN^	爿	劈開的木塊，左片稱「爿 BAN^」， 　　　　　　右片稱「片 PIEN`」。
BANG	挽	用力拉。 　挽緊（BANG HENv 拉緊）。 　挽穩（BANG UN` 拉住）。 　挽大索（BANG TAI^ SOG` 拔河）。
BANG	拔	拔離,用力拉拔。 　拔毛（BANG MO 拔去毛髮）。 　拔番豆（BANG FAN TEU^ 拔出地下的花生）。 　拔蘿蔔（BANG LOv PED^ 拔出地下的蘿蔔）。 　拔大索（BANG TAI^ SOG` 拔河）。
BANG`	砰	爆炸聲，重物摔落聲。 又音 BONG^，PUNG^。
BANG`	蹦	高跳： 　蹦蹦跳（BANG` BANG` TIAUv）。 又音 PANG`。
BANG^	繃	繃緊（BANG^ HENv 繃得很緊）。 　繃雄（BANG^ HYUNGv 精力強盛,性慾旺 　　　盛）。
BAU	鮑	1、鮑魚（BAU NGv）：盛產於智利沿海。 2、姓。
BAU	苞	1、未開的花蕊,花輪下圍像葉子的小片： 　含苞待放（HAMv BAU TAI^ FONG^）。 2、可織蓆的草。

		苞屨（BAU GI^ 居喪時穿的草鞋）。 3、包裹： 　　苞苴（BAU GI 包禮物的草包,指賄賂）。 4、草木茂盛。如： 　　竹苞松茂（ZUG` BAU CHYUNGv MEU^）。
BAU	炰	炰肉（BAU NGYUG` 隔火炙的一種烹調方法）。 又音 PAUv。
BAU^	爆	1、　以火逼乾。 　　雞肉爆麻油（GIE NGYUG` BAU^ MAv YUv）。 　　爆魷魚也（BAU^ YUv NGv NGE` 以火逼烤魷 　　　　　　　　　　　　　　魚）。 2、　用油炸的烹飪法。 　　爆魚也（BAU^ NGv NGE` 以油炸魚）。 3、　出芽。 　　爆芽（BAO^ NGAv）。 　　爆筍（BAU^ SUN`）。 4、　裂開。 　　爆線縫（BAU^ CIEN^ PUNG^ 衣物縫合處裂開 　　　　　　　　　　　　　了）。
BAU^	暴	不聽話,反抗： 　　謷暴（AU^ BAU^）。
BAU^	齙	齒露。 　　齙牙（BAU^ NGAv 牙齒突露在齒列之外）。 　　牙齙齙（NGAv BAU^ BAU^ 牙齒突露在齒列之 　　　　　　　　　　　　　　　外）。
BAU^	趵	跳躍。如： 　　趵跳（BAU^ TIAU^ 生氣跳腳）。 又音 BEU。
BE	貝	螺貝（LOv BE 一種淡水貝類）。
BEv	陪	陪陪行（BEv BEv HANGv 並肩走）。 陪陪坐（BEv BEv TSO 並肩坐）。 陪人睡（BEv NGINv SOI^ 陪伴人睡覺）。 陪上陪下（BEv SONG BEv HA 到處陪伴）。
BEv	並	並行、並排、並肩、與“陪”同。 　並並坐（BEv BEv TSO 並肩坐）。 　並並行（BEv BEv HANGv 並肩走）。 　同人並（TUNGv NGINv BEv 與人並肩）。
BEv	比	並行、並排、 　比比坐（BEv BEv TSO 並肩坐）。 　比比行（BEv BEv HANGv 並肩走）。 又音 BI`，BI^。
BEN	崩	1、倒塌。如：

		山崩（SAN BEN）。 崩敗（BEN PAI^ 事業沒落失敗或牙齒鬆脫）。 崩潰（BEN KUI` 事物毀壞）。 2、皇帝死稱為： 駕崩（GA^ BEN）。 3、崩角（BEN GOG` 叩頭）。
BEN	繃	包裹傷口的紗布：bandage， 繃帶（BEN DAI^）。
BEN^	憑	背靠： 憑壁（BEN^ BIAG` 憑靠牆壁）。 憑人（BEN^ NGINv 憑靠人）。 憑椅（BEN^ I` 有靠背的椅子）。 莫憑我（MOG^ BEN^ NGAIv 別靠我！）
BEU	摽	1、投擲。 摽槍（BEU CHIONG a、投擲長槍的運動。 b、擊野獸、大魚的武器）。 2、投射武器： 摽也（BEU UE` 擲射敵人的利摽）。 摽末（BEU MAD^ 刀鋒。比喻小功勞）。
BEU	鏢 镖	1、投射兵器。 射鏢（SA^ BEU）。 2、護身的人。 保鏢（BO` BEU）。
BEU	趵	跳高，跳遠，跳過。 走趵（ZEU` BEU 跑跳）。 趵跳（BEU TIAUv 跳躍，生氣趵跳）。 趵高（BEU GO 跳高）。 趵遠（BEU IAN`跳遠）。 過去（BEU GO^ HI^ 跳過去）。 又音 BAU^。
BEU	飆 颰 颮 飙	暴風、疾風。 狂飆（KONGv BEU 忽然起的暴風。發狂似地疾馳）。 飆車（BEU TSA 開車或騎車像暴風一般疾馳）。

12

BEU	彪	1、老虎身上的紋彩。 2、小虎。 3、彪炳（BEU BIANG`）：光彩煥發。 4、彪形大漢（BEU HINv TAI^ HON^ 身體魁偉的男子）。
BEU`	裱	裱糊（BEU` FUv 用漿糊把紙糊上去）。 裱畫（BEU` FA^ 裝潢書畫）。 裱褙（BEU` BOI^ 裝潢書畫）。
BEU`	嫖	嫖也（BEU` UE` 妓女）。 嫖娼（BEU` TSONG 妓女）。
BEU`	溺	屙尿，小便： 溺尿（BEU` NGIAU^）。
BI	陂	蓄水池。 陂頭（BI TEUv 儲水壩）。 陂塘（BI TONGv 大蓄水池）。
BI	卑	1、低下。如： 自卑（TS^ BI 看不起自己）。 卑末（BI MAD^ 自己謙稱）。 地勢卑濕（TI^ S^ BI SB` 低濕地區）。 卑躬屈節（BI GYUNG KYUD` JIED` 為了諂媚，自貶身分）。 2、低劣、下等。如： 卑賤（BI CHIEN^）。 卑鄙（BI PI` 人格低下,地位卑賤）。 卑劣（BI LOD` 品行卑鄙）。 卑陋（BI LEU^ 房屋簡陋）。 卑猥（BI WI 賤陋）。 3、鮮卑（CIEN BI 北方夷狄的一種）。
BI	俾	1、使。如： 俾能自立（BI NENv TS^ LIB^）。 俾免（BI MIEN 使免、使不）。 俾便（BI PIEN^ 使方便）。 2、補。如： 俾益（BI ID` 補益）。
BI	碑	1、刻字豎立的石塊。如： 碑石（BI SAG^）。 碑文（BI UNv 石碑上刻的字）。 碑壇（BI TANv 立碑的平台）。 碑碣（BI KIAD^ 碑石方形的稱碑,圓形的稱碣）。 紀念碑（GI^ NGIAM^ BI）。 2、把石碑上的字搨印成字帖。如：

		碑帖（BI TIAB`）。 碑刻（BI KIED`）。
BI	婢	1、小女傭： 婢女（BI NG`）。 2、古時婦女的謙稱。 又音 PI。
BI	裨	1、助： 無裨實際（Uv BI SD^ JI^ 於實際沒有幫 助）。 2、補益： 裨益（BI ID` 補益）。     裨闊（BI FAD` 加寬）。 裨大（BI TAI^ 加大）。 裨加（BI GA 增加）。 又音「PIv」。

BI	草
	蓖
		通「蓖 BI」。如：
		    草蘇（BI MAv 果實種子可搾蓖蔴油的植
		        物）。

BI`	臂	人肩膀到手腕的部分： 手臂（SU` BI`）。
BI`	髀	腳髀（GIOG` BI` 大腿）。 大鴕髀（TAI^ TOv BI` 大腿）。
BI`	畀	畀 = [分＋伊]兩字的合音（BUN＋Iv）：給予，給 他，被他。 摑畀(分+伊)死！（MAG^ BI` = [BUN Iv] CI` 打死 他！） 拿畀(分+伊)食！（NA BI` = [BUN Iv] SD^ 拿給他         吃！）     畀賣歇矣（BI`== [BUN Iv] MAI^ HED` DEv 被他 賣掉了）。
BI`	匕	1、匕首（BI` SU`）：短劍。 2、羹匙，湯匙。
BI`	秕 粃	1、有殼無實的穀粒。如： 糠秕（HONG BI` 米糠及秕穀）。 2、秕政（BI` ZN^ 腐敗的政治）。 或作「粃」。亦音 PANG^。
BI`	妣	稱已死的母親或祖母。如： 先妣（CIEN BI` 已故之母）。     顯妣（HIAN' BI` 敬稱已故之母）。 考妣（KAU` BI` 已故之父母）。

14

BI`	髀	1、動物的腿叫髀（BI`）。如： 　雞髀（GIE BI`）。 2、人的大腿叫： 　大䏶髀（TAI^ TOv BI`）。 3、腿叫做： 　腳髀（GIOG` BI`）。
BI^	痹 痺	肢體失去感覺，不能隨意活動的病叫 　麻痹=痺（MAv BI^）。 　腳痹=痺（GIOG` BI^ 腳麻痹）。
BI^	痱	熱痱也（NGIAD^ BI^ IE`夏天皮膚所發的小紅 　疹）。
BI^	庇	1、　保護。 　保庇（BO` BI^ 保護庇祐）。 　庇護（BI^ FU^ 保護）。 　庇祐（BI^ YU^ 保佑）。 2、　樹蔭遮蔽,上天庇祐。 　蔭庇=庇蔭（IM^ BI^ = BI^ IM^）。
BI^	背 揹	馱在肩背上，同「揹 BAv」。 　背=揹人（BI^ NGINv 以背帶將人背在背上）。 　背=揹嬰孲也（BI^ ONG NGAv E`背嬰兒）。 　背=揹穀包（BI^GUG`BAU 以背肩背負整包的稻 　穀）。
BI^	泌	1、　排出體內分泌物。 　分泌（FUN BI^）。 　泌尿科（BI^ NGIAU^ KO）。 2、　從細孔排出液體。 　泌飯湯（BI^ FAN^ TONG 飯煮開後,將米飯之外 　的湯水泌出）。
BI^	錍	燒炭時,承炭的通風鐵濾器。 　爐錍也（LUv BI^ IE`）。
BI^	弊	1、害處。如： 　利弊（LI^ BI^ 利與害）。 2、作假或非法的事。如： 　舞弊（U` BI^）。 　作弊（ZOG` BI^）。 3、事情的毛病。如： 　弊病（BI^ PIANG^）。 　弊端（BI^ DON）。 4、壞的。如： 　弊衣（BI^ I 舊衣服）。
BI^	獘	1、跌倒。 2、同「弊,斃」。
BI^	斃	死。如：

	斃	斃命（BI^ MIANG^）。 溺斃（NID^ BI^ 被水溺死）。 暴斃（BAU^ BI^ 死於非命）。 槍斃（CHIONG BI^ 以槍擊斃）。
BIA^	拚	1、 勤快努力之意。 　　拚事（BIA^ SE^ 勤奮）。 2、 趕、快之意。 　　拚歇矣（BIA^ HED` LEv 趕完了）。 　　拚遽于咧（BIA^ GIAG` GA^ LE 加快一些）。 3、 使力。 　　拚不上（BIA^ Mv SONG 上不去）。 4、 比賽或打架。 　　相拚（CIONG BIA^）。
BIAG`	擘	豎起大拇指稱讚能幹： 真擘（ZN BIAG` 真能幹）！ 恁擘（AN` BIAG` 這麼能幹）！ 不擘（Mv BIAG` 不能幹，差勁）！
BIAG^	筆	筆直（BIAG^ TSD^ 像筆一樣直）。 筆蹬=端（BIAG^ DENv 筆直，直立，筆直站 　　　立）。
BIAG^	擗	1、 將膠狀物摔黏在他物上。 　　擗泥（BIAG^ NAIv 摔黏泥巴）。 　　擗于壁上（BIAG^ GA^ BIAG`HONG^ 摔黏在牆壁 　　　　上）。 2、 摑以巴掌。 　　擗嘴角（BIAG^ ZOI^ GOG` 巴掌打臉頰）。
BIAG^, BID^	爆	1、 火花爆開。 火屎會爆人（FO`S`UOI^ BIAG^ NGINv 燒炭時，火星 　　　　射，會傷人）。 2、 裂開。 　　爆歇矣（BIAG^ HED` LEv 炸掉了、爆完了）。 　　爆開來矣（BIAG^ KOI LOIv IEv 爆裂開來了）。 3、 爆爆也（BID^ BIAG^ GE`）：小鞭炮。 4、 火焙，以油煎炒。 　　爆魷魚也（BIAG^ YUv NGv NGE` 火焙魷魚）。 　　爆麻油（BIAG^ MAv YUv 以麻油煎炒）。
BID^ BIAG^	噼 啪	裂開聲、爆裂聲。 　　噼噼啪啪（BID^ BID^ BIAG^ BIAG^ 小鞭炮或燒 　　　　柴燒炭的爆裂聲）。 　　噼啪也（BID^ BIAG^ GE` 小鞭炮）。
BIANG	擯	摔東西、擲東西。 　　擯東西（BIANG DUNG CI）。

		摜壞矣（BIANG FAI` IEv 摔壞了）。 摜摜頓頓（BIANG BIANG DUN^ DUN^ 摔東西洩氣）。
BIANG^	拚	打拚（DA`BIANG^ 努力工作）。 拚命（BIANG^ MIANG^ 拼命做事）。 拚事（BIANG^ SE^ 趕工）。 拚掃（BIANG^ SO^ 打掃）。
BIANG^	避	躲避，藏匿。 避掩目（BIANG^ EM MUG`捉迷藏）。 避開（BIANG^ KOI 藏開，藏在別處）。 避穩（BIANG^ UN` 躲著、藏著、藏好）。
BID`	隙	裂痕。 隙縫（BID` PUNG^ 裂縫、裂痕、縫隙）。 隙歇矣（BID` HED` LEv 有裂痕、縫隙、有裂紋了）。 隙析矣（BID` SAG` GEv 裂成兩半或好幾片了）。 *與[罅 UAD^]不同。[罅]是分離了，[隙]則只有裂痕，沒有分離。 罅歇矣（UAD^ HED` LEv 裂開且脫開了）。 罅鼻（UAD^ PI^ 鼻子裂開脫落了）。
BID`	鷝	禾鷝也（UOv BID` LE`）鳥名：麻雀。
BID`	愎	倔強，不順從。如： 剛愎自用（GONG BID` TS^ YUNG^ 意氣自用，不肯接受別人意見。）
BID`	篳 蓽 韠	1、以荊竹樹枝編織成的東西。 篳門（BID` MUNv）：用荊竹編的門，喻為貧苦人家。 篳路藍縷（BID` LU^ LAMv LI` 駕柴車，穿破衣去開闢土地，形容開創事業的艱辛）。 蓽茇（BID` PAD^ 藥草名）。
BID^	餶	撐飽。 飽餶餶（BAU` BID^ BID^ 撐得飽飽的）。 餶背焉（BID^ BOI^ IE 肚背都撐飽）。
BID^ BIED`	屄	女子陰戶。 屄也（BID^ DE`）。 膣屄（Z BIED`）。

BIED`	鱉 鰵	像龜的軟甲魚。俗稱甲魚，腳魚或團魚，三爪團魚四爪鱉。
BIED`	蹩	蹩腳（BIED` GIOG` 跛腳；形容人潦倒、形容物惡劣）。 又音 PIED`。
BIED^	批	用手掌、竹片、木片等輕打。 批腳髀（BIED^ GIOG` BI` 打大腿）。 批出聲（BIED^ TSUD` SANG 打出聲音）。 批嘴角（BIED^ ZOI^ GOG`巴掌打臉頰）。 批屎窟（BIED^ S^ FUD`掌打屁股）。
BIEN	辮	把頭髮綹編成長條。 糅辮也（LO BIEN NE`小辮子）。 毛辮也（MO BIEN NE`小辮子）。
BIEN`	貶 貶	降低，減少。 貶值（BIEN` TSD^ 降低價值）。 貶職（BIEN` ZD` 降低職位）。 貶低（BIEN` DAI 降低）。 褒貶（BO BIEN`批評他人的優劣）。
BIEN`	反 翻	翻轉。 反船（BIEN` SONv 翻船）。 反轉來（BIEN` ZON` LOIv 翻過來）。 反肚底（BIEN` DU` DAI` 魚肚翻上來，全翻了）。
BIEN`	褊	1、狹小： 褊狹（BIEN` HAB^）。 褊心（BIEN` CIM 心胸狹小）。 褊淺（BIEN` CHIEN` 心胸狹小,見識淺薄）。 2、急躁： 褊躁（BIEN` TSAU^ 急躁）。 褊急（BIEN` GIB`）。
BIEN^	遍	1、 次數。 一遍又一遍（ID` BIEN^ YU^ ID` BIEN^）。 2、 布滿。 遍地（BIEN^ TI^ 滿地）。 遍布（BIEN^ BU^ 布滿）。

BIEN^	徧	通「遍」。 1、次。 　　一徧（ID` BIEN^ 一遍）。 2、滿。 　　徧體（BIEN^ TI` 滿身）。 3、普及。 　　普徧（PUv BIEN^）。 　　徧及（BIEN^ KIB^ 處處都達到）。 　　徧布（BIEN^ BU^ 傳布周到）。 　　徧地（BIEN^ TI^ 滿地）。 　　徧歷（BIEN^ LID^ 到處都去過）。 又音 PIEN^。
BIN	竿	釣竿（DIAU^ BIN）。 　又音 GON。
BIN	瀕 濱	同「濱」： 　　瀕河（BIN HOv 靠近河川）。 接近： 　　瀕危（BIN NGUIv 臨終、臨危）。 　　瀕行（BIN HANGv 臨走時）。 　　瀕死（BIN CI` 接近死亡）。 亦音 PINv。
BIN	儐 傧	1、敬也。 　　所以儐鬼神也（SO` I BIN GUI` SNv IA）。 2、婚禮中引導陪伴新郎、新娘的人。 　　男儐相（NAMv BIN CIONG^）。 　　女儐相（NG` BIN CIONG^）。 又音 BIN^。
BIN	繽 缤	繁盛而紛亂。如： 　　繽紛（BIN FUN）。 　　繽亂（BIN LON^ 雜亂）。 　　繽挽襯扯（BIN BANG TS` TSA`）繽＝繽亂， 　　　　挽＝拉扯，襯＝剝奪，扯＝牽扯。 　　　　忙得不可開交，或喻牽扯 　　　　不清。
BIN	斌	外表與實質相同。文質具備的樣子。 同「彬」字。 　　文質斌斌（UNv ZD` BIN BIN）。
BIN`	拼 奮	掙扎 　　恁會拼＝奮（AN` UOI^ BIN`這麼會掙扎）。 　　拼＝奮落矣（BIN`LOD` LEv 掙脫了）。 　　奮奮綻＝拼拼綻（BIN`BIN`TSAN^ 一直掙扎，想

		脫逃）。
BIN`	擯 擯	拋棄。 　　擯棄（BIN` HI^ 拋棄，排斥）。 　　擯除（BIN` TSUv 排除）。 　　擯斥（BIN` TSD` 棄而不用）。
BIN`	摒	除去： 　　摒屎（BIN` S` 大便後擦屁股）。
BIN^	殯 殯	已殮未葬的死屍。 　　出殯（TSUD` BIN^ 出葬）。 　　殯儀館（BIN^ NGIv GON` 專辦喪葬事之地）。
BIN^	鬢 鬢 鬓	面旁靠耳的頭髮。如： 　　雙鬢（SUNG BIN^）。 　　鬢角（BIN^ GOG` 眼耳間的頭髮）。 　　灰鬢（FOI BIN^ 灰白的鬢角）。 　　鬢白（BIN^ PAG^ 年老）。
BIN^	臏	1、 臏骨（BIN^ GUD` 膝蓋骨）。 2、 古代五刑之一，去掉膝蓋骨的刑罰。 　　臏刑（BIN^ HINv）。
BIONG	板	板子，木板： 　　樹板也（SU^ BIONG NGE` 木板）。
BIONG	舫	並船共行稱為同舫，意即同班次。 　　頭舫（TEUv BIONG 第一班次）。 　　上舫（SONG^ BIONG 上一班次）。 　　尾舫車（MI BIONG TSA 最後一班車）。
BIONG^	放	1、 解除束縛。 　　放手（BIONG^ SU` 放開手）。 　　放水（BIONG^ SUI` 把水放出；放水進去）。 　　放晝（BIONG^ ZU^ 午前工作停止）。 　　放夜（BIONG^ IA^ 午後至傍晚的工作停止）。 　　放工（BIONG^ GUNG 停止一天的工作，下 　　　　　　班）。 　　放歇矣（BIONG^ HED` LEv 放開了、放掉 　　　　　　了）。 2、 加入。 　　放鹽（BIONG^ IAMv 加入鹽）。 　　放糖（BIONG^ TONGv 加糖）。 　　放醋（BIONG^ TS^ 加醋）。 　　放田水（BIONG^ TIENv SUI` 加水進田）。 3、 置。 　　放心不落（BIONG^ CIM Mv LOG^ 放心不 　　　　　　下）。 4、 起火。

		放火燒山（BIONG^ FO` SEU SAN 生火燒山）。 遲人放火（TSv NGINv BIONG^ FO` 殺人放火）。 5、放牧。 放牛食草（BIONG^ NGYUv SD^ TSO` 放任不管）。 6、放紙鷂也（BIONG^ Z` IEU^ UE` 放風箏）。
BO	煲	用文火煮。 煲粥（BO ZUG` 熬粥）。 煲湯（BO TONG 熬湯）。
BO	襃 褒	誇獎、讚賞。 襃獎（BO JIONG` 讚揚獎勵）。 褒揚（BO IONGv 襃獎讚揚）。 褒貶（BO BIEN` 批評好壞）。 食襃也（SD^ BO UE` 喜歡聽褒獎的好話）。
BO	播	1、散布，傳布。如： 傳播（TSONv BO 傳布）。 廣播（GONG` BO 播音）。 播音（BO IM 以聲音傳播）。 播散（BO SAN^ 傳布擴散）。 播揚（BO IONGv 傳揚）。 2、下種。如： 播種（BO ZUNG^ 撒種）。 3、遷移。如： 播遷（BO CHIEN 搬遷）。 4、挑撥。如： 播弄（BO NUNG`）。
BOv	滂	1、雨下得很大。 滂大雨（BOv TAI^ I` 傾盆大雨）。 2、形容雨(水)勢大： 滂滂渤渤（BOv BOv BO^ BO^）。
BOv	踣	1、踣腳（BOv GIOG` 腳有殘疾，不良於行）。 2、踣踣跌（BOv BOv DIED` 行走不穩，常跌倒）。 又音 BOI`。
BO`	褓 緥	包嬰兒的布、嬰兒身上裹的小被。 襁褓（KIONGv BO` 包嬰兒的小被，引申為裹在小被裏的嬰兒）。 褓母（BO` MU 稱以撫育幼兒為業的婦女或托兒所的老師）。
BO`	鴇 鵏	1、鳥名，像雁，不善飛，性淫。 2、鴇母（BO` MU 指管制妓女的婦人）。 老鴇（LO` BO` 同「鴇母」。）
BO^	播	投環在某物或某特定地上。

21

		播圈也（BO^ KIAN NE`）。
BOD`	發	生病，發生，長瘡。 發病（BOD` PIANG^）。 發疽也（BOD` TSOIv IE` 生膿瘡）。 發脹（BOD` ZONG^ 罵人會腫脹）。
BOD`	富	有錢，富有： 大富人家（TAI^ BOD` NGINv GA 有錢人家）。
BOG`	壩	防水堤防。 作壩（ZOG` BOG` 砌水堤）。
BOG`	擘	以手解(旋)開鎖或(湊)緊的東西： 擘不開（BOG` Mv KOI 打不開）。
BOG`	舶	大船。如： 海舶（HOI` BOG`）。 船舶（SONv BOG`）。 舶來品（BOG` LOIv PIN` 進口物品）。 又音 PED`。
BOG`	膊	打赤膊（DA` TSAG` BOG` 不穿上衣、裸露上 身）。
BOG`	剝	剝削（BOG` CIOG` 刮削）。 剝奪（BOG` TOD^）。 剝落（BOG` LOG^ 腐蝕脫落）。 剝蝕（BOG` SD^ 腐蝕）。 剝衣（BOG` I 去掉上衣）。 剝皮（BOG` PIv 去皮）。
BOG`	駁	1、辯正是非。 反駁（FAN` BOG`）。 2、法律名詞的不准、退回。 駁回（BOG` FIv）。 3、載卸貨物。 駁貨（BOG` FO^）。 駁船（BOG` SONv 貨從大船卸給小船，或從小 船裝到大船）。 4、顏色或事物雜亂。 斑駁（BAN BOG`）。 駁雜（BOG` TSAB^）。 5、辯論。 辯駁（PIEN^ BOG`）。
BOG^	搏	1、心臟的跳動聲音。 脈搏（MAG` BOG^）。 搏搏滾（BOG^ BOG^ GUN` 心跳急促響聲）。 心臟緊搏（CIM TSONG^ GIN` BOG^ 心臟直 跳）。

		2、 摔水泥、泥土或膠狀物的聲音。 　　搏泥（BOG^ NAIv BIAG`以泥漿, 摔補泥磚縫, 使 　　　　壁縫彌合）。 　　搏彌（BOG^ MIv 摔滿泥漿補牆使不透風, 補 　　　　滿漏水的盛器或緊塞瓶塞不漏氣）。 3、 開瓶蓋聲。 　　[搏]一聲（BOG^ ID` SANG）。
BOI	捭	1、 用手拂[挪]動。 　　捭開（BOI KOI 以手拂開）。 　　捭過去（BOI GO^ HI^ 輕推過去）。 　　捭塵灰（BOI TSNv FOI 手拂灰塵）。 　　捭淨來（BOI CHIANG^ LOIv 拂掃乾淨）。 2、 意外賺得。 　　捭到矣（BOI DO` UEv 意外賺到了）。
BOI	培	培到矣（BOI DO` UEv 意外賺到了）。
BOI`	踣	踣到腳（BOI` DO` GIOG` 跌扭腳踝）。 踣斷矣（BOU`TON NEv 高跟鞋的鞋跟折斷 　　　了）。
BOI^	悖	違背情理。 　　悖逆（BOI^ NGIAG^ 犯上作亂）。 　　悖謬（BOI^ MEU^ 悖逆荒謬）。 　　悖入悖出（BOI^ NGIB^ BOI^ TSUD`有違反常 　　　　理的收入，就有違反常理的支出）。
BONG	幫	擦、磨利，摩擦動作。 　　幫刀也（BONG DO UE`磨刀）。
BONGv	謗	指責人的不是。 　　謗人（BONGv NGINv 訓誡人）。 　　開謗（KOI BONGv 訓誡人）。
BONGv	磅 尸	1、英、美的重量單位 pound。簡寫為 lb. 　　一磅 （ID` BONGv）= 16 ounce = 0.4536 公斤。 2．稱重量。如： 　　過磅（GO^ BONGv 以磅秤，稱重量）。 　　磅秤（BONG` TSN^ 表示英磅的秤子）。 3、尸 = P（Poumd）以接近外文字 P 的漢字 尸， 　　表示外文字 pound「磅」的 initial 開頭字母 　　P。
BONGv	滂	游泳或嬉水時的腳踢水聲。 　　濱濱滂滂（BIN BIN BONGv BONGv）。
BONG`	傍	佐餐，吃飯拌菜。 　　傍菜（BONG` TSOI^ 以菜配飯）。 　　夾菜傍飯（GIAB` TSOI^ BONG` FAN^ 夾菜配飯

23

		吃）。
BONG^	弸	弓張得很緊,繩索拉得很緊。 　　弸緊（BONG^ HENv 十分緊）。
BONG^	嗙	1、自誇。 　　嗙大空（BONG^ TAI^ KANG 吹牛）。 2、在旁插問。 　　哈哈嗙嗙（HAv HAv BONG^ BONG^）。
BU	晡	太陽過午時。 　　昨暗晡（TSOv AM^ BU 昨夜）。 　　暗晡夜（AM^ BU IA^ 今夜）。 　　暗晡頭（AM^ BU TEUv 晚間, 夜間）。 　　昨晡日（TSOv BU NGID` 昨日）。 　　今晡日（GIM BU NGID` 今天）。
BU	餔	1、晚餐。 　　食餔（SD^ BU 食夜, 晚餐）。 2、吃食： 　　餔啜（BU TSOD`）。 3、日將落山時。 　　餔娘（BU NGIONGv 妻子）。
BU	逋	逃亡： 　　逋逃（BU TOv）。 拖欠： 　　逋負（BU FU^）。
BUv	噗	汽車聲, 喇叭聲。 　　噗上噗下（BUv SONG BUv HA）。
BU`	斧	斧頭（BU` TEUv 砍木工具）。
BU`	哺	餵食。如： 　　反哺（FAN` BU` 幼養老）。 　　哺乳（BU` I` 餵食乳汁）。 又音 BUv , BU^。
BU^	怖	懼怕。如： 　　恐怖（KYUNG` BU^）。
BUD`	抔	以插箕裝谷物入袋或以畚斗裝垃圾。 　　抔地圾（BUD` TI^ SEB` 以畚斗收垃圾）。 　　抔穀入袋（BUD` GUG` NGIB^ TOI^ 裝穀入袋）。 又音 PEUv , UD`。
BUD^	㳸	1、放屁。 　　㳸出聲（BUD^ TSUD` SANG）。 2、冒出。 　　㳸屎（BUD^ S` 冒出糞便）。 　　㳸水（BUD^ SUI`）。 　　㳸泡（BUD^ PO 冒出泡沫）。 3、忽出言語。

		淨出一句話（BUD^ TSUD` ID` GI^ FA^ 忽然冒出一句話）。
BUG`	腹	1、肚子。如： 　內腹（NUI^ BUG`）。 　腹內（BUG` NUI^ 肚中）。 　空腹（KUNG BUG` 胃中無食物）。 　切腹（CHIED` BUG` 刀切肚子。自殺）。 2、知己。如： 　至腹（Z^ BUG`）。 　心腹（CIM BUG` 最親近的人）。 　心腹之患（CIM BUG` Z FAM^ 自內而起的 　　　禍患）。 讀音 FUG`。
BUN	分	給、被、分。 　分我食（BUN NGAIv SD^ 給我吃）。 　分人打矣（BUN NGINv DA` Ev 挨打了）。
BUN^	畚	盛土盛垃圾的器具。 　畚箕（BUN^ GI 竹篾製盛土盛垃圾的器具）。 　畚斗（BUN^ DEU` 承接垃圾的器具）。
BUN^	奔	在泥土中鑽洞。 　奔泥（BUN^ NAIv 鑽泥）。 　奔屎蚣（BUN^ S` GUNG 在糞堆中覓食的甲 　　　蟲）。 　奔筍（BUN^ SUN` 植物從土中冒出新芽）。
BUN^	糞	人或動物從肛門排出的廢物。 　糞缸（BUN^ GONG 糞坑，舊時廁所）。 　糞堆（BUN^ DOI 垃圾堆）。 　人糞（NGINv BUN^ 人的糞便）。 　牛糞（NGYUv BUN^ 牛屎）。 　豬糞（ZU BUN^ 豬屎）。 　糞圾（BUN^ SEB` 垃圾）。
BUNG`	捧	張開兩手掌承物。 　捧茶（BUNG` TSAv 端茶）。 　捧飯（BUNG` FAN^ 端飯）。 　捧酒（BUNG` JIU` 端酒）。 　捧菜（BUNG` TSOI^ 端菜）。 　捧碗（BUNG` UON` 端碗）。 　捧斗（BUNG` DEU` 父母逝世出葬時，長子捧斗 　　　送葬的習俗）。
BUNG`	棒	木棍或用棍打。 　棍棒（GUN^ BUNG` 木棍）。 　棒球（BUNG` KYUv 以木棍打擊的球）。

		棒打鴛鴦（BUNG` DA` IAN IONG 拆散）。
CI	撕	用手撕裂成細條。 撕菌也（CI KYUN NE`手撕菇菌）。 用手撕雞肉（YUNG^ SU` CI GIE NGYUG`）。
CI^	敘	交談： 打湊敘（DA` DEU^ CI^ 好友相聚吃喝交談）。
CI^	緒	味緒（MI^ CI^ 味道）。 頭緒（TEUv CI^ 絲線的頭）。 情緒（CHINv CI^ 心境思路）。 心緒（CIM CI^心境思路）。
CI^	忕	慣忕矣（GUAN^ CI^ IEv 習慣了）。 不慣忕（Mv GUAN^ CI^ 不習慣）。
CIA	些	些少（CIA SEU` 一點點,不多）。
CIA`	襐	襐襐焉（CIA` CIA` E）：赤裸裸的,沒有遮掩的。
CIA^	瀉	1、 水向下直流。 一瀉千里（ID` CIA^ CHIEN LI）。 2、 拉肚子。     屙瀉淬（O CIA^ BAv 瀉肚子）。     瀉痢肚（CIA^ LI^ DU` 瀉肚子）。 3、 跑得很快的樣子。 直瀉（TSD^ CIA^ 也說瀉肚子）。 瀉恁遽（CIA^ AN` GIAG`跑這麼快）。 4、 說話使人丟臉。 瀉人（CIA^ NGINv）。 瀉衰人（CIA^ SOI NGINv 說話使人蒙羞）。
CIA^	卸	卸歇矣（CIA^ HED` LEv 所載運或裝袋的貨物 沒綑綁好,潰散掉落了）。
CIAB`	楔	擠緊,以物墊平： 楔平（CIAB` PIANGv）。 楔緊（CIAB` HENv 以物擠緊）。
CIAB`= SEB`	澀	澀澀（CIAB` CIAB` 水果未熟、有澀味,沒有甜 酸味。
CIAB^ CIED` CIED^	洩 泄	漏出、滲水。 漏洩=泄漏（LEU^ CIAB^ = CIED` LEU^）。 洩=泄水（CIAB^=CIED^ SUI`漏水）。 洩=泄尿（CIAB^=CIED^ NGIAU^ 忍不住流出尿 來）。
CIAG`	惜	疼愛,疼惜。 惜人（CIAG` NGINv 疼愛人）。 孬=惱惜（NAU CIAG` 不得人疼惜或得人疼 惜）。

26

		得人惜（DED` NGINv CIAG` 得人疼惜）。 惜入骨（CIAG` NGIB^ GUD` 疼愛到骨子裏）。 惜入心（CIAG` NGIB^ CIM 疼愛到內心深處）。
CIAG^	削	刀割、刀切。 削到手（CIAG^ DO` SU`）。
CIANG	腥	魚類、血、生肉的氣味。 魚腥（NGv CIANG）。 血腥（HIAD` CIANG）。 臭腥（TSU^ CIANG 腥味）。 腥氣（CIANG HI^ 魚的腥味）。 腥臊（CIANG SO = TSE TSAU 魚腥肉臊，比喻飲食豐盛）。
CIANGv	誘	引誘，引來。 誘人來（CIANGv NGINv LOIv 引誘人來）。 誘烏蠅（CIANGv U INv 引來蒼蠅）。 誘蟻蚣（CIANGv NGIE^ GUNG 引來螞蟻）。
CIANG`	腥	走腥（ZEU` CIANG` 雌性動物發春期，釋放的體臭，又稱 ZEU` SANG）。
CIAUv	羮	雄性的精子。 不知羮（Mv DI CIAUv 什麼都不懂）。 羮羮濞濞（CIAUv CIAUv PI^ PI^ 小氣,龜毛）。
CIAU^, DIEN.	癲	精神錯亂。 癲癲（CIAU^ CIAU^ 不正經）。 起癲(HI` DIEN 發狂).。
CIB`	呷	小酌。 呷一杯酒（CIB` ID` BI JIU`）。
CIB^	集	揀選、挑選。 集釣竿（CIB^ DIAU^ BIN）。 集一枝杖也(CIB^ ID` GI TSONG`NGE`挑選一枝拐杖）。
CIB^	輯 辑	收集，聚集綜合。如： 　編輯（BIEN CIB^ 聚集綜合）。 　輯錄（CIB^ LYUG^ 收集抄錄）。 　輯要（CIB^ IEU^ 輯錄要項）。 　通輯（TUNG CIB^ 同"通緝"通告捉拿）。 和睦。如： 　輯睦（CIB^ MUG^ 輯穆）。
CIB^	緝 缉	1、搜捕： 　緝捕（CIB^ BU`）。 　緝盜（CIB^ TO^ 搜捕強盜）。 　緝私（CIB^ S 搜捕走私）。

		緝獲（CIB^ FED^ 抓到犯人）。 通緝（TUNG CIB^ 通令捉拿在逃犯人）。 2、同「輯」，收集： 編緝（BIEN CIB^）。 3、把麻絲分細接長。
CIB^	緁	1、 冰涼、冰冷。 緁涼（CIB^ LIONGv 透心涼爽）。 2、 出其不備的攻擊。 偷緁（TEU CIB^）。
CID`	些	一些（ID` CID` 一點點）。 一些馬（ID` CID` DE 一點點）。 冇半些（MOv BAN^ CID` 半點都沒有）。
CID`	瑟	絲弦樂器： 琴瑟和鳴（KIMv CID` FOv MINv）。
CID`	恤 賉 卹	1、撫慰，濟貧： 撫恤（FU` CID`）。 恤恤（CID` CID` 憂患貌）。 恤貧（CID` PINv）。 恤孤（CID` GU 撫養孤兒）。 恤嫠（CID` LIv 周濟寡婦）。 2、憐惜： 體恤（TI` CID`）。 憐恤（LINv CID`）。 3、顧慮： 不恤人言（BUD` CID` NGINv NGIANv）。 4、姓。
CID`	卹	同「恤」。 撫慰，濟貧： 撫卹（FU` CID`）。 卹金（CID` GIM 發給因公死亡人員家屬的錢）。
CID`	洫	1、田間水溝： 溝洫（GIEU CID`）。 2、護城河： 城洫（SANGv CID`）。 3、水閘。
CID^	浙	哄小孩子小便的聲音。 浙尿（CID^ NGIAU^）。 浙浙（CID^ CID^ 小孩子小便）。

CID^	籍	1、書的總稱。如： 　書籍（SU CID^）。 2、戶口冊。如： 　戶籍（FU^ CID^）。 3、生長或久居的地方。如： 　籍貫（CID^ GON^）。 　本籍（BUN` CID^）。 4、狼籍（LONGv CID^ 縱橫錯亂的樣子）。 　籍籍（CID^ CID^ 說話聲很多很亂，稱譽的人 　　　　很多，紛紛）。
CIED`	洩	同「泄」。 1、漏水、漏氣。如： 　洩氣（CIED` HI^）。 2、透露秘密。如： 　洩漏軍機（CIED` LEU^ GYUN GI）。 3、排出體外。如： 　排洩（PAIv CIED`）。 　洩瀉（CIED` CIA^ 瀉肚子）。 4、發散。如： 　洩恨（CIED` HEN^）。 　發洩（FAD` CIED`）。 又音 CIED^，CIAB^，I^。
CIED`	泄	同「洩」字。 又音 CIAB^，I^。
CIED`	屑	碎末： 　木屑（MUG` CIED` 鋸木碎屑：鋸屑）。 細小： 　瑣屑（SO` CIED` 瑣碎小事）。 輕視： 　不屑（BUD` CIED` 看不起）。 又音 SEB`。
CIED`	褻 褻	1、貼身衣服： 　褻衣（CIED` I）。 2、污穢： 　穢褻（UE^ CIED`）。 3、褻瀆（CIED` TUG^）：對人怠慢侮蔑。冒失不 　　　敬。自謙小事煩人。
CIED^	諧	說空話、笑話，誇大其詞。 　諧猴（CIED^ HEUv 吹牛的男子）。 　諧虛（CIED^ HI 吹噓，吹牛）。
CIEN	秈	秈米（CIEN MI` 無黏性而早熟的稻米）。
CIEN	喧	大聲說話、吵鬧。如： 　喧嘩（CIEN FAv）。 　喧鬧（CIEN NAU^）。 　鑼鼓喧天（LOv GU` CIEN TIEN 吵鬧喧嘩，鬧

29

		翻天）。 喧賓奪主（CIEN BIN TOD^ ZU` 客人反為主人， 引申為非分侵佔）。
CIEN	諼 �052	詐騙；遺忘。如： 弗諼（FUD^ CIEN 不要忘記）。 詐諼（ZA^ CIEN 詐騙）。 又音 HIAN。
CIEN	鱻	古「鮮」字。
CIENv	漩	水的回旋流動： 旋渦（CIENv UO）。 又音 HIANv。
CIENv	璇 璿	1、美玉。 2、璇宮（CIENv GYUNG）：后妃住處。 3、璇璣（CIENv GI 古時測天文的儀器）。
CIENv	涎	唾液：口涎（HEU` LAN）。如： 垂涎（SUIv CIENv 流口水）。 又音 LAN。
CIEN`	喧	發喧筋（BOD` CIEN` GIN 抽筋）。
CIEN`	跣	1、赤腳踏地： 跣足（CIEN` JYUG` 光著腳）。 2、脫光： 衫褲跣淨淨（SAM FU^ CIEN` CHIANG^ CHIANG^ 衣服脫光光）。
CIEN^	羨	愛慕。如： 羨慕（CIEN^ MU^ 心中希望得到的愛慕）。 多餘。如： 羨財（CIEN^ TSOIv 多餘的錢財）。
CIEN^	睍	偷看： 偷睍（TEU CIEN^）。 亦音 HAN^。
CIM^	沁	侵入。 沁冷（CIM^ LANG 冷入肺骨）。 沁涼（CIM^ LIONGv 冰涼）。
CIN	先	先生（CIN SANG）：「CIEN SEN」的變音。是對老 師、醫師、丈夫或男士的尊稱。 又音 CIEN。
CIN^	囟	頭頂腦蓋： 腦囟（NO` CIN^ 嬰兒頭顱中央的軟蓋）。 囟門（CIN^ MUNv 腦蓋）。
CIOv	摷	偷、扒。 摷錢（CIOv CHIENv 偷錢、扒錢）。 偷摷（TEU CIOv 偷竊）。 摷人個金也，分人扭到矣（CIOv NGINv GE^

		GIM ME`, BUN NGINv NEU`DO` UEv 偷人的金子,被抓到了)。
CIOv	逍	閑蕩。 逍上逍下（CIOv SONG CIOv HA 到處閑蕩）。
CIO^	咻	指蛇的爬動聲。 咻于過（CIO^ UA^ GO^）。亦指快而無聲的新車跑動聲。 咻咻滾（CIO^ CJO^ GUN`咻咻作響）。 咻于恁遽（CIO^ UA^ AN` GIAG`跑得這麼快）。
CIOG`	蠚	虐蠚（NGIOG` CIOG`）：皮膚接觸到穀芒或刺激物品,引起的癢痛與難受感覺。
CIOG`	削	刀削（DO CIOG`）：用刀子切削。 削皮（CIOG` PIv 削去表皮）。
CIOG^	俗	便宜： 俗貨（CIOG^ FO^ 便宜貨）。 貪俗（TAM CIOG^ 貪便宜）。
CIONG	鑲 環	把東西嵌在別的東西上。 鑲牙齒（CIONG NGAv TS`）。 鑲邊（CIONG BIEN 在某物外緣加邊）。
CIONG`	肷	竹、蔗、手腳等節與節之間的一段： 一肷（ID` CIONG`）。 拔肷（BANG CIONG`拉長了,長高了）。 上肷（SONG^ CIONG`靠上端的一節）。 長肷(TSONGv CIONG`很長的一節）。
CIONG^	匠	專精一藝的人。 木匠（MUG` CIONG^木工師傅）。 泥水木匠（NAIv SUI` MUG` CIONG^ 建築工人和木工）。
CIU	饈 饍	1、膳食： 　膳饈（SAN^ CIU）。 2、美味食物： 　珍饈（ZN CIU）。 3、進獻美味。
CIUv CIU^	覘	窺視。 覘上覘下（CIUv SONG CIUv HA 來回窺視）。 覘覘覘覘（CIUv CIUv CIU^ CIU^ 賊頭賊腦地尋找可偷的東西)。
CIUv	壽	（河洛音） 天壽（IAU CIUv 夭折,詛咒人短命）。
CIU`	抶	用竹條、細藤條鞭打。

31

		扶分伊痛（CIU`BUN Iv TUNG^ 打痛他）。
CIU^	宿	列星。 　　星宿（SEN CIU^）。
CIU^	嗅	用鼻辨別氣味： 　　嗅覺（CIU^ GOG` 鼻子能辨別香臭的感覺）。
CYUG`	粟	穀類的一種。一般稱為小米： 　　粟也（CYUG` GE`）。
CYUG`	黍	包黍（BAU CYUG` 玉蜀黍）。 　　黍也（CYUG` GE` 小米）。
CYUG`	熟	果實熟透了，稱為 　　熟矣（CYUG` GEv 成熟了）。 　　木瓜熟矣，好食矣！（MUG`GUA CYUG`GEv， 　　　　HO`SD^ LEv 木瓜成熟了，可以吃了）。 　　冇熟（MOv CYUG` 果實沒有成熟）。
CYUNv	循	1、依照。如： 　　遵循（ZUN CYUNv）。 2、同「巡」。如： 　　循行（CYUNv HANGv）。 3、有次序的。如： 　　循循善誘（CYUNv CYUNv SAN^ YU^）。 4、循環（CYUNv FANv＝KUANv）：事物運動的周而復 　　始。 又音 SUNv。
CYUNv	詢 询	1、查問。如： 　　詢問（CYUNv UN^）。 2、徵求意見。如： 　　諮詢（Z CYUNv）。 又音 SUNv。
CYUN^	遜 逊	1、讓。如： 　　遜位（CYUN^ WI^）。 2、減減。如： 　　遜色（CYUN^ SED` 減色，差一點）。 3、稍次、不如。如： 　　遠遜於（IAN` CYUN^ I）。 4、恭敬而謙虛。如： 　　謙遜（KIAM CYUN^）。
CYUN^	徇	1、同「殉」。 　　徇難（CYUN^ NAN^）。 　　徇義（CYUN^ NGI^ 不顧生命，維持正義）。 　　徇情（CYUN^ CHINv 殉情、徇私）。 2、巡行時宣布號令。 3、經營： 　　徇私（CYUN^ S 營私偏袒）。 4、周到，敏達：

		徇通（CYUN^ TUNG）。 又音 CYUNv，SUNv。
CYUNGv	嫞	女人不正經。 恁嫞（AN` CYUNGv 如此不正經）。
CYUNG^	誦	誦經（CYUNG^ GIN 大聲讀經）。
CYUNG^	訟	訴訟（SU^ CYUNG^ 打官司）。
CYUNG^	頌	頌讚（CYUNG^ ZAN^ 祝頌讚美）。 頌揚（CYUNG^ IONGv 稱頌褒揚）。
CHI	篩	1、 分別物質粗細的器具，編織成細孔，可漏下細的，留下粗的。 篩也（CHI IE` 篩子）。 鐵篩也（TIED` CHI IE` 鐵絲織的篩子）。 米篩（MI` CHI 篩米用的篩子）。 米篩粄（MI` CHI BAN` 像麵條狀的米粄）。 米篩目（MI` CHI MUG` 米篩粄）。 2、 用篩也（CHI IE`）分別物質粗細。 篩砂（CHI SA）。 篩石也（CHI SAG^ GE` 篩石子）。 篩米（CHI MI`）。 篩豆也（CHI TEU^ UE` 篩豆子）。
CHI	鱀	新鮮。 鱀頭（CHI TEUv 食物或物品新鮮）。 不鱀（Mv CHI 不新鮮）。
CHI	棲	停留、居住。如： 棲宿（CHI CYUG` 住宿）。 棲息（CHI CID` 停息）。 棲身（CHI SN 住宿、寄身）。 棲棲（CHI CHI 居住不安貌）。 棲遁（CHI DUN` 隱居）。 棲遑（CHI FONGv 匆促貌）。 兩棲動物（LIONG` CHI TUNG^ UD^）。
CHI	淒	1、寒冷。如： 淒風（CHI FUNG）。 2、悲傷。如： 淒楚（CHI TSU`）。 3、冷落。如： 淒涼（CHI LIONGv）。 4、悲慘。如： 淒慘（CHI TSAM`）。 淒厲（CHI LI^ 悲慘）。
CHIv, TSv	粢	蘸花生粉芝麻和糖吃的糯米軟粄。 粢粑（CHIv = TSv BA）。 糊粢麻膠（FUv CHIv MAv GA 亂糟糟）。

CHIv, TSv	餈	同「粢」。 餈粑（TSv = CHIv BA）。
CHIv	臍 脐	肚臍（DU` CHIv 哺乳動物腹部的正中，臍帶脫 落結疤後，凹陷的地方）。 肚臍絆（DU` CHIv PAN^ 嬰兒未脫落的肚臍 帶）。
CHI^	淬	1、淬水（CHI^ SUI` a、燒紅的鋼鐵放入水中冷 卻。b、放水在熱鍋中使鍋冷卻）。 2、汨淬也（MI^ CHI^ IE` 濕淋淋的人、潛水的 人）。 沒汨淬也（MUD^ MI^ CHI^ IE` 潛水、憋氣沒入 水中）。 沒淬汨也（MUD^ CHI^ MI^ IE` 潛水、憋氣沒入 水中）。
CHI^	砌	1、堆疊： 砌牆（CHI^ CIONGv）。 2、台階： 雕欄玉砌（DIAU LANv NGYUG^ CHI^）。 又音 ZOG`。
CHI^	沏	1、以滾水沖泡。如： 沏茶（CHI^ TSAv 泡茶）。 2、用水撲滅燃燒物。 3、水流很急。
CHIA	戚	戚母（CHIA ME 親家母）。 戚郎（CHIA LONGv 結婚時，稱女方的男儐）。
CHIAv	余	姓：余徐涂余（Iv CHIv TUv CHIAv = CIAv 五個相似字 的姓）。 複姓：余佴 CHIAv = CIAv NAI^。
CHIAv	畬	1、已開發的田地，刀耕火種。 2、種族名，語言名，地區名。 畬族（CHIAv = SA TSUG^ 散居於中國西南部從 雲南、貴州向東到閩浙一帶的瑤民畬 族，現已漢化）。 瑤畬（IEUv CHIAv = SA 畬族）。 畬語（CHIAv = SA NGI 有人認為客家語言是瑤畬 漢化所形成的語言）。 亦音 Iv，SA。
CHIAG`	刺	刺字（CHIAG` S^ 以針刺畫）。 刺青（CHIAG` CHIANG 在皮膚上刺畫青色字 畫）。 刺繡（CHIAG` CIU^）。
CHIAG`	織 织	編織。 織襪（CHIAG` MAD` 編織襪子）。

34

		織毛線（CHIAG` PONG^ CIEN^ 編織毛線）。 織魚網（CHIAG` NGv MIONG`）。
CHIAG^	蓆	草織或竹編的坐臥用墊席。 蓆也（CHIAG^ GE`蓆子，草蓆）。 竹蓆（ZUG` CHIAG^竹子做的蓆子）。 草蓆（TSO` CHIAG^）。
CHIAM	籤 簽 签	1、作標誌用的片條。如： 竹籤（ZUG` CHIAM）。 2、卜卦用的竹條。如： 上上籤（SONG^ SONG^ CHIAM 好籤）。 3、抓鬮用的竹紙用具。如： 抽籤（TSU CHIAM）。 4、細長的條狀物。如： 蕃薯籤（FAN SUv CHIAM 番薯條）。 樹薯籤（SU^ SUv CHIAM）。 牙籤（NGAv CHIAM）。
CHIAM	纖 纤	1、細小。如： 纖細（CHIAM SE^）。 纖微（CHIAM WI）。 纖手（CHIAM SU` 女人柔尖的手指）。 纖巧（CHIAM KAU` 小巧）。 纖柔（CHIAM YUv 纖細柔軟）。 2、纖維（CHIAM WIv 組成植物體的細絲形物質）。
CHIAMv	戳	尖利器插入。 刀戳（DO CHIAMv）。
CHIAMv	黔	1、黑色。如： 黔首（CHIAMv SU` 黑髮的頭）。 2、貴州省簡稱。 3、複姓：黔婁（CHIAMv LEUv）。 4、黔驢之技（CHIAMv LIv Z GI 技能拙劣）。
CHIANG	睛	睛盲（CHIANG MIANG 瞎眼，有眼無珠）。
CHIANG	蜻	蜻蜓(CHIANG TINv 頭大腹細長的昆蟲：俗稱洋 尾也）。 又音 CHIN 。
CHIANGv	晴	天氣好,無雲無雨。 天晴（TIEN CHIANGv）。 晴雨（CHIANGv I` 天晴落雨）。
CHIANG^	青	青草味、青澀味： 臭青（TSU^ CHIANG^）。
CHIAU	鍬	攪拌。 鍬鹽（CHIAU IAMv 拌鹽）。 鍬糖（CHIAU TONGv 和糖）。 鍬砂灰(CHIAU SA FOI 攪拌水泥、砂、石灰，

		使之均勻）。
CHIU^ CHIB^	就 集	就集（CHIU^ CHIB^）：不零亂、整齊、整理 就序。 收就集矣！（SU CHIU^ CHIB^ BEv 收拾整齊、 乾淨了）。
CHID`	彳 躑	左步小步走：彳，又步小步走：亍。 打彳亍（DA`CHID` TSOG` 無目標的小步漫步）。 打躑躅（DA`CHID` TSOG` 彳亍、跰躅行）。
CHID^	嫉	嫉妒（CHID^ DU^ 痛恨別人勝過自己）。 嫉惡如仇（CHID^ OG` lv SUv 痛恨惡人如仇 人，形容正直的人不能容惡）。
CHID^	磧 磧	1、淺水中露出的砂堆。 2、砂磧（SA CHID^）：沙漠。 又音 ZAG`。
CHIENv	曾	「曾 TSENv」的變音。曾經。 不曾（Mv CHIENv）。 曾有？（CHIANv YU 有過嗎？） 曾方？（CHIENv MOv 不曾有過嗎？） 曾係？（CHIENv HE^ 曾經是嗎？） 曾會？（CHIENv UOI^ 會嗎？）
CHIENv	悛	1、悔改。如： 悛改（CHIENv GOI`）。 悛心（CHIENv CIM 悔改之心）。 悛容（CHIENv YUNGv 有悔改的意態）。 2、不止。如： 不悛（BUD` CHIENv）。
CHIEN^	賤	好動頑皮、撥弄不該動的東西。 恁賤（AN` CHIEN^ 如此好動）。 賤手賤腳（CHIEN^ SU` CHIEN^ GIOG` 手腳不規 矩，亂動手腳）。
CHIEN^	茜	1、蔓生草，根可做紅色染料。 2、紫紅色： 茜紗（CHIEN^ SA 紫紅色的紗）。
CHIEN^	倩	美好、麗影、笑的美貌： 倩影（CHIEN^ IANGv）。 巧笑倩兮（KAU` SEU` CHIEN^ HI）。 又音 CHIN^。
CHIEN^	蒨	1、茜草。 2、草盛貌。 夏曄冬蒨（HA^ IAB^ DUNG CHIEN^ 冬夏草木都 茂盛）。 3、蒨蒨（CHIEN^ CHIEN^ 鮮明貌）。

CHIMv	鱘	鱘鰉魚。螃蟹。河洛音：JIMv。
CHIMv	覃	姓。通志氏族：覃氏本譚,或去言為覃。 又音 IAMv ，TAMv。
CHIM`	寢	1、睡眠。如： 　就寢（CHIU^ CHIM`）。 　廢寢忘食（FI^ CHIM` UONG^ SD^）。 2、臥室。如： 　寢室（CHIM` SD`）。 　寢具（CHIM` KI` 睡覺用具）。 3、停止。如： 　事寢（S^ CHIM`）。 　寢兵（CHIM` BIN）。 4、相貌醜陋。如： 　貌寢（MAU^ CHIM`）。 5、帝王的墓叫 　陵寢（LINv CHIM`）。
CHIN	蜻	蜻蜓（CHIN TINv）：洋尾也（IONGv MI IE`）。 又音 CHIANG。
CHIN`	磬 傾	ㄑ字形擊打樂器。彎腰成ㄑ字形、低頭。 　頭磬磬＝頭傾傾（TEUv CHIN` CHIN` 低著 　　　　　頭）。 　磬到＝傾到（CHIN` DO` 彎著腰、低著頭）。 　磬不下＝傾不下（CHIN` Mv HA 彎不下腰）。
CHIN^	沁	打沁佞（DA` CHIN^ NGIN^ 因寒冷或畏食而顫 　　　　　抖,聽到奉承諂媚的話不寒而慄）。
CHIO	鍬	1、挖土器具。 　圓鍬（IANv CHIO）。 2、串入、插入： 　鍬稈（CHIO GON` 串入稻草中）。 　鍬入去（CHIO NGIB^ HI^ 插串進去）。 3、針插入，針縫： 　鍬衫褲（CHIO SAM FU^ 縫補衣服）。 　鍬布唇（CHIO BU^ SUNv 縫滾布邊）。 　鍬釦也（CHIO KIEU^ UE` 縫鈕釦）。 　鍬到手（CHIO DO` SU` 針戳傷手指）。
CHIO`	草	「草 TSO`」的變音。 　草字（CHIO` S^）。 　寫字恁草（CIA` S^ AN` CHIO` 寫字這麼潦 　　　　　草）。
CHIOG`	雀	1、鳥名。 　孔雀（KUNG` CHIOG`）。 　麻雀（MAv CHIOG`）。 　金絲雀（GIM HIOG`）。

		2、雀斑（CHIOG` BAN）：人面上所生的褐色斑點。
		3、雀躍（CHIOG` IOG`＝IEU^）：比喻高興得跳起來。
		4、雀屏中選（CHIOG` PINv ZUNG^ CIEN`選中女婿）。
CHIOG`	躍	「躍 IOG`」的變音。跳起。 躍起來（CHIOG` HI` LOIv 跳躍起來）。 躍上去（CHIOG` SONG HI^）。 躍過去（CHIOG` GO^ HI^）。
CHION	吮	吸吮。 吮乳（CHION NEN^ 吸母乳或吸吮瓶裝乳汁）。
CHIONv	筌	捕魚的竹籠子：筍也（HOv UE`）。
CHION`	吮	扁嘴鴨、鵝吃食的動作。 鴨吮穀（AB` CHION` GUG`鴨子吃穀類）。
CHION^	旋	頭髮中心形成的旋渦。 兩個旋（LIONG` GE^ CHION^）。
CHIONGv	爿	把整塊的木頭劈成兩半,右邊的半塊叫片 PIEN`,左邊的半塊叫爿 CHIONGv。 又音 BAN^。
CHIONGv	戕	殺害： 戕殺（CHIONGv SAD`）。 戕害（CHIONGv HOI^ 殺害）。 戕賊（CHIONGv TSED^ 殘害）。
CHIONG`	搶	穀物經過風車,吹去穀物中的雜屑。 搶穀（CHIONG` GUG`）。
CHIONG^	像	相像（CIONG CHIONG^）。 像伊（CHIONG^ Iv 像他）。 像樣（CHIONG^ IONG^ 做什麼像什麼，中規中矩）。 像種（CHIONG^ ZUNG`像父母,有父母的遺傳特徵在）。 像爺像哀（CHIONG^ IAv CHIONG^ OI 像父像母）。
CHIUv	泅	泅水（CHIUv SUI`游水）。
CHIUv	酋	酋長（CHIUv ZONG`部落的首領）。
CHIU^	宙	宇宙（I`＝I CHIU^ 四面八方,古今往來）。

CHIU^	僦	租賃。 僦屋（CHIU^ UG` 租房子）。 僦居（CHIU^ GI 租房子住）。
CHIU^	冑	1、兵士的護甲護帽。 　甲冑（GAB` CHIU^ 戰衣）。 2、冑裔（CHIU^ I` 後代）。 　冑子（CHIU^ Z` 長子）。
CHYUG`	刺	用尖銳的東西戳。 針刺刀戳（ZM CHYUG` DO CHIAMv 針刺刀刺）。 分釘也刺到（BUN DANG NGE` CHYUG` DO` 被釘刺到）。 分竻刺到（BUN NED` CHYUG` DO` 被尖刺刺到）。
DA`	打	打酒（DA` JIU` 買酒）。 打油（DA` YUv 買油）。 打魚也（DA` NGv NGE` 捕魚）。 打水（DA` SUI` 汲水）。 打露（DA` LU^ 露天；盛凝露水）。 打鐵（DA` TIED` 鍊鐵）。 打磚（DA` ZON 製造磚塊）。 打毛線（DA` MO CIEN^ 織毛線）。 打草鞋（DA` TSO` HAIv 編草鞋）。 打大索（DA` TAI^ SOG` 編繩索）。 打結（DA` GIED` 繩線繞成結了）。 打井（DA` JIANG` 挖掘水井）。 打灶頭（DA` ZO^ TEUv 建爐灶）。 打眠床（DA` MINv TSONGv 造床）。 打算（DA` SON^ 準備）。 打算盤（DA` SON^ PANv）。 打稿（DA` GO` 起稿）。 打掃（DA` SO^ 掃地）。 打電話、報（DA` TIEN^ FA^、BO^ 撥發）。 打基礎（DA` GI TSU` 立定基礎）。 打包（DA` BAU 捆紮）。 打碎（DA` SUI^ 摔破）。 打壞矣（DA` FAI` IEv 摔壞了）。 打開（DA` KOI 掀開）。 打牌（DA` PAIv 玩牌，賭博）。 打怵（DA` NUG^ 吃驚而寒顫）。 打呵欠（DA` A^ HAM`）。 打哈啾（DA` HA^ CHIU^ 打噴嚏）。

打呃咄（DA` ED^ DOG^ 打咯）。

打噩咕（DA` ANG GUv 嬰兒學說話的語
　　　　聲）。

打沁佞（DA` CHIN^ NGIN^ 因寒冷或畏食而顫
　　　　抖,聽到奉承諂媚的話不寒而慄）。

打眼枴（DA` NGIAN` GUAI`相互擠眉弄眼,以
　　　　眼神示意）。

打湊敘（DA` DEU^ CI^ 祭、聚餐）。

一打（ID` DA` 十二個）。

打屁卵（DA` PI^ LON`放屁）。

打走人（DA`ZEU` NGINv 洪水沖走）。

打扮（DA` BAN^ 化裝）。

打粉（DA` FUN` 抹粉化妝）。

打探（DA` TAM^ 打聽）。

打底（DA` DAI`奠基;探測水深）。

打嘴鼓（DA` ZOI^ GU`聊天）。

打側（DA` ZED`側著身體）。

打橫（DA`UANGv 橫著）。

打直（DA` TSD^ 直著）。

打平（DA` PIANGv 平放;平手）。

打蹬＝端（DA` DENv 嬰孩學習站立)。

打嗌（DA` ED` 打咯）。

打醮（DA` ZEU^ 大規模的祭鬼神聚會）。

打採茶（DA`TSAI` TSAv 演戲）。

打倒揻（DA` DO^ MAG^ 向後摔倒）。

打出本（DA` TSUD` BUN`賠本）。

打淨食（DA` CHIANG^ SD^ 單吃一種,不與他種
　　　　食物同吃）.。

打毈嘴（DA` ME^ ZOI^ 弄髒嘴）。

打秕嘴（DA` PANG^ ZOI^ 說空話）。

打秕銃（DA` PANG^ TSUNG^比喻說畫無益）。

不打眼（Mv DA` NGIAN` 不起眼,不顯出）。

打鵰目（DA` DIAU MUG` 雙眼大小不一）。

打赤膊（DA` TSAG` BOG^ 光裸上身）。

打盒仆＝覆（DA` AM` PUG`身體、面向下仆
　　　　　倒）。

打潑賴（DA` PAD` LAI^ 耍賴）。

打糾股（DA` JIU^ GU` 繩索自纏）。

打頓掘（DA` DUN^ KUD^ 不肯依人,耍賴）。

打腳偏（DA` GIOG` PIEN 行走時腳力不支,偏
　　　　頗搖晃）。

40

		打擺也（DA` BAI` IE` 瘧疾，打擺子）。 打早（DA` ZO` 大清早）。 打洽（DA` HAB^ 商量）。 打喪（DA` SONG` 浪費；蹧蹋，可惜）。 打脈（DA` MAG` 把脈）。 打幫（DA` BONG 幸而有人幫助）。 打子（DA` Z` 植物結果子，結果子）。 打花（DA` FA 開花）。 打卵見黃（DA` LON` GIAN^ UONGv 做事只求 　　　　快速，不按步驟行事）。 打斷腳骨（DA` TON GIOG` GUD` 斷了自己的 　　　　出路）。 水打走人（SUI` DA` ZEU` NGINv 大水沖走 　　　　人）。 打魚不赴餐（DA` NGv Mv FU^ TSON 打魚來 　　　　不及趕上餐桌，比喻緩不濟急）。 打屁安狗心（DA` PI^ ON GIEU` CIM 說不實際 　　　　的話來應付人，使他不再騷擾；語 　　　　自狗愛吃嬰兒屎，聽到嬰兒放屁， 　　　　以為有屎可吃，就安心了）。 打狗都不出門（DA` GIEU` DU Mv TSUD` 　　　　MUNv 指天氣惡劣）。
DA^	黛	柏油，瀝青。 黛瑪膠（DA^ MA^ GAU 柏油）。 烏黛黛（U DA^ DA^ 非常黑的、黑墨似的）。
DA^	喋	誇口，吹牛： 好喋（HAU^ DA^ 喜歡吹牛）。 喋喋滾（DA^ DA^ GUN` 大聲吹牛）。
DAB`	搭	1、架起。 搭布棚（DAB` BU^PUNGv 搭架遮陽遮雨帆 　　布）。 搭寮也（DAB` LIAUv UE` 搭草寮）。 搭架也（DAB` GA^ E` 搭架子）。 2、配搭，委託。 搭信（DAB` CIN^ 托人帶信）。 搭話（DAB` FA^ 托人帶話）。 搭食（DAB` SD^ 搭伙）。 搭人食（DAB` NGINv SD^ 搭伙）。 3、理睬。 莫搭伊（MOG^ DAB` Iv 不理他）。 搭不得（DAB` Mv DED` 不能搭理）。

DAB`	褡	肚褡也（DU` DAB` BE` 只蓋住肚子的無袖上衣）。
DAB`	貼	貼簝（DAB` LIAU 密著，貼切）。 貼碓（DAB` DOI^ 磨石的上層與下層密著貼切）。 冇貼碓（MOv DAB` DOI^ 磨石的上層與下層沒有密著,不貼切。引申為不癢不痛,不夠刺激,不發生作用,不夠深入,不怎麼樣）。 冇貼冇碓（MOv DAB` MOv DOI^ 不癢不痛,不夠刺激,不發生作用,不夠深入,不怎麼樣）。 目貼貼（MUG` DAB`DAB` 眼睛合著,無力睜開）。 貼秤頭（DAB` TSN^ TEUv 貼補斤兩,追加少許,使斤兩足夠的小塊肉）。 兩頭不貼蓆（LIONG` TEUv Mv DAB` CHIAG^ 駝背的人仰臥床上,頭和腳不能同時貼著蓆子, 喻兩邊不討好,兩頭落空）。
DAB^	滴	形容濕。 滴濕（DAB^ SB` 濕漉漉的）。 濕滴滴（SB` DAB^ DAB^ 濕漉漉的）。
DAB^	嗒	1、嘴巴吃食的響聲。 嗒嘴（DAB^ ZOI^ a、吃食時,口舌出「嗒」聲。b、沒有食物可吃,比喻落空）。 嘀嗒（DID^ DAB^ 吃食的響聲,零食）。 2、零食。 零嗒（LANGv DAB^）。 3、口中品嚐: 舐嗒（SE DAB^ 又舔食又出聲）。 罔嗒（MONG` DAB^ 口中沒有正食,以別種食物代替也好）.。
DAD`	笪	粗的竹蓆:剖開並打扁的竹子,展平攤開者。 竹笪眠床（ZUG` DAD` MINv TSONGv）。
DAD^	值	是福佬話的「值得」之意。 值得（DAD^ DED`）。 恁值（AN` DAD^ 真好命！） 不值（Mv DAD^ 不值得！） 值錢（DAD^ CHIENv）。
DAG`	每	福佬話「每,逐」之意。

	逐	每=逐日（DAG` NGID` 每天）。 每=逐擺（DAG` BAI` 每次）。
DAG^	的	的對（DAG^ DUI^ 完全正確！對了！確鑿！中了！）
DAG^	嘀	1、舌尖抽離硬口蓋時發出的「嘀」聲，表示稱讚。 　　嘀嘴（DAG^ ZOI^ 表示稱讚）。 2、太鹹，非常鹹。 　　嘀鹹（DAG^ HAMv 非常鹹）。
DAG^	跍	腳掌上方的腳趾： 　　雞跍（GIE DAG^ 雞腳趾上另外突出的趾）。
DAI	呆 獃	癡愚。如： 　　阿呆（A DAI 傻瓜）。 　　呆板（DAI BAN` 遲鈍）。 　　呆賬（DAI ZONG^ 收不回的拖欠）。 又音 DEv，NGOIv。
DAI`	歹	壞、不好。 　　歹徒（DAI` TUv 壞人）。 　　為非作歹（WIv FI ZOG` DAI` 作壞事）。
DAI`	抵	以物遮蓋，遮擋。 　　抵涼（DAI^ LIONGv 以物遮涼）。 　　冇抵到（MOv DAI` DO` 沒有遮蓋到，沒遮擋到）。 　　抵不到（DAI` Mv DO` 遮蓋、遮擋不到）。
DAI^	邸	居住。 　　邸哪位（DAI^ NAI^ WI^ 住哪裡?） 　　邸屋家（DAI^ UG` GA 住在家裡）。
DAM	探	伸出。 　　探頭看（DAM TEUv KON^ 伸出頭看）。 　　探腳（DAM GIOG` 伸出腳）。
DAM	耽 躭	1、遲延。如： 　　耽誤（DAM NGU^）。 　　耽延（DAM IANv）。 　　耽擱（DAM GOG`）。 2、沉溺。如： 　　耽樂（DAM LOG^）。 　　耽溺（DAM NID^）。 3、嗜愛，沉迷於。如： 　　耽美（DAM MI）。 　　耽於聲色（DAM I SANG SED`）。 4、同「擔」。如： 　　耽心（DAM CIM）。 5、向下。如：

43

		耽耳（DAM NGI` 耳垂下垂）。 耽視（DAM S^ 眼睛下視）。 耽思（DAM S 低頭沉思）。
DAM	眈	兩眼向下注視。如： 虎視眈眈（FU` S^ DAM DAM）。
DAM	酖	1、嗜酒： 荒酖（FONG DAM 荒蕩狂飲）。 酖酖（DAM DAM 安樂貌）。 2、沉溺： 酖樂（DAM LOG^ 沉溺在享樂中）。 3、拖延： 酖延（DAM IANv 耽誤而拖延）。 酖誤（DAM NGU^）。 4、酖思（DAM S 深思）。 5、酖耳（DAM NGI` 耳大而下垂）。 又音 TSM^，ZM`。
DAMv	談	［河洛音］ 談哆（DAMv DEv）：閑談。
DAM^	擔	竹製肩挑的扁形竹挑。 扁擔（BIEN` DAM^）： 擔竿（DAM^ GON 扁擔）。
DAN`	旦	本來，起初： 本旦（BUN` DAN` 原本,本來）。 旦旦（DAN` DAN` 多半）。
DANG	釘	陽具勃起。 釘釘（DANG DANG）。 不會釘（Mv UOI^ DANG 不會勃起）。
DANG DANGv	盯	注視。 眼盯盯（NGIAN` DANG DANG=DANGv DANGv 眼睜地）。
DANG	單	單 DAN 的變音，專為、只為某事去做，專程。 單單來（DANG DANG LOIv 專程來）。 單單去買（DANG DANG HI^ MAI 專程去 買）。
DANG` DOI^	頂 碓	頂碓（DANG` DOI^ 上層的磨石頂高了、磨不到 了,比喻人言語做事無常）。
DAUv	踔	性情高傲，目中無人，不可理喻。 恁踔（AN` DAUv 這麼高傲）。
DEv	呆 獃	呆呆=獃獃（DEv DEv 傻傻地、木頭似地）。
DEv	哆	〔河洛話〕 談哆（DAMv DEv）：閑談。

DEB^	碇	笨重，腳踏水聲。 　　碇碇（DEB^ DEB^ 笨重貌）。 　　碇水（DEB^ SUI`）：踐踏水。
DEM	沾	人蹲在水面上或杯碗放在水盤中。 　　沾水（DEM SUI`）。 　　沾沾焉（DEM DEM ME 暗地裡、悄悄地、偷 　　　　偷的）。
DEMv	沉	重沉沉（TSUNG DEMv DEMv 很沉重的感 　　　　覺）。
DEM`	蹬	腳踏，頓足、腳踩、跺腳： 　　蹬腳（DEM` GIOG` 踏腳、跺腳）。 　　蹬人（DEM` NGINv 踩人）。 　　分馬蹬到（BUN MA DEM` DO` 被馬腳踩到）。
DEM^	沉	笨重。 　　腳沉沉（GIOG` DEM^ DEM^ 腳步沉重）。
DEN	仃	孤單的樣子。如： 　　伶仃（LINv DEN 孤單無依靠）。 　　單仃（DAN DEN 孤單一個男丁）。 又音 DIN。
DEN`, DEN, NEN, IEN.	等	我等（NGAIv DEN` = DEN = NEN 我們）。 　　你等（Nv DEN` = DEN = NEN 你們）。 　　伊等（Iv DEN` = DEN = IEN 他、她們＝佢等 　　　　（GIv= DEN`）。
DENv	蹬	1、　站立,直立,腳跟提起。 　　腳蹬起來（GIOG` DENv HI` LOIv）。 　　擠到蹬起來（JIAM DO^ DENv HI` LOIv 被擠得腳 　　　　跟提起來）。 2、　筆直豎立。 　　蹬蹬（DENv DENv 豎立,直立）。 　　筆蹬（BIAG^ DENv 筆直站立）。 　　打蹬（DA` DENv 嬰孩學習站立起來）。 　　放蹬來（BIONG^ DENv LOIv 放直,使他站立起 　　　　來）。
DENv	端	同"蹬"。筆直豎立。 　　端端（DENv DENv 豎立,直立）。 　　筆端（BIAG^ DENv 筆直站立）。 　　打端（DA` DENv 嬰孩學習站立）。 　　放端來（BIONG^ DENv LOIv 放他站立）。
DEN`	戥	很小的秤： 　　釐戥（LIv DEN`）。
DEU	端	以兩手捧物。 　　端菜（DEU TSOI^ 雙手端菜）。

		端腳（DEU GIOG` 抓人把柄、舉人的腳）。 端箕也（DEU GI IE` 雙手端的盛土竹箕）。 端鍋也（DEU UOG^ GE` 雙手端鍋子）。 端凳也（DEU DEN^ NE` 搬凳子）。 端起來（DEU HI` LOIv 雙手端起來）。 端屎尿（DEU S` NGIAU^ 抱孩子的雙腿，促其 　　　　大小便）。
DEU	兜	1、 圍繞、包圍。 　　肚兜也（DU` DEU UE` 圍裙，圍兜兜）。 　　兜風（DEU FUNG 迎風走動，開車迎風）。 　　兜售（DEU SU^ 到處推銷）。 2、 些微、一些。 　　這兜（IA` DEU 這些）。 　　該兜（GE^ DEU 那些）。 　　有兜個（YU DEU GE^ 有些個）。 　　加兜添（GA DEU TIAM 多添加些）。 3、 嘴兜兜（ZOI^ DEU DEU 下巴肥大突出的樣 　　　　　子）。 4、 豬兜 (ZU DEU 餵豬、盛豬食的槽）。 　　搶兜（CHIONG` DEU）：群豬爭食貌，比喻人 　　　　多同食，胃口特別好。 5、 你兜我兜（Nv DEU NGAIv DEU 你們我們）。
DEU`	蚪	蝌蚪（KO DEU`）：蝦蟆、青蛙的幼蟲，俗稱：蛙 鯰也（GUAI` NGIAM^ ME`）。
DEU`	抖	1、身體顫動： 　顫抖（ZUN DEU` 身體發抖）。 2、抖擻（DEU` SO` 奮發振作。振落身上塵埃）。 3、抖攬（DEU` LAM` 招攬）。
DEU`	陡 阧	1、 忽然： 　　陡然（DEU` IANv）。 2、 山勢直立但不甚傾斜： 　　陡峭（DEU` SEU^）。
DEU^	竇	巢窩： 　　鵰竇（DIAU DEU^ 鳥巢）。 　　狗竇（GIEU` DEU^ 狗窩）。 　　做竇（ZO^ DEU^ 築巢）。
DEU^	湊	1、 湊滿數、湊熱鬧。 　　湊股（DEU^ GU` 合股）。 　　湊搭（DEU^ DAB` 配搭得當）。 　　湊陣（DEU^ TSN^ 湊成一夥，作伴）。 　　湊滿＝足（DEU^ MAN ＝JYUG` 湊足）。 　　湊鬧熱（DEU^ NAU^ NGIAD^）。

		2、 與人有姦情。 　　湊到人（DEU^ DO` NGINv 與人有染）。 　　湊客哥也（DEU^ KIE^ GO UE` 與約情夫）。 3、 裝配,組合。 　　湊桌腳（DEU^ ZOG` GIOG` 將桌腳裝上）。 　　湊不落（DEU^ Mv LOG^ 裝不進去）。
DI	裏	「裏 LI 的變音」。內裏。 　　裏背（DI BOI^ 裏面）。 　　裏肚（DI DU` 裡面）。
DI	知	心裏明白。 　　知！（DI 知道）！ 　　我知（NGAIv DI）：回答我知道！ 　　不知（Mv DI 不知道）。 　　知得（DI DED` 知道）。
DI^	佇	[福佬音]。在。 　　佇哪也（DI^ NA^ E` 在哪裡）？ 　　佇屋家（DI^ UG` GA 在家）。 　　佇路上（DI^ LU^ HONG^ 在路上）。
DI^	蒂	蒂中（DI^ DUNG 中央,中間,當中,中心）。 　　蒂頭（DI^ TEUv 提吊果實的重心、供應營養的 　　　　　　源頭）。 　　瓜蒂（GUA DI^ 瓜果供應養分的源頭）。
DI^	遞 遞	1、 傳送。如： 　　傳遞（TSONv DI^）。 　　郵遞（YUv DI^）。 　　遞信（DI^ CIN^）。 　　遞解（DI^ GIAI^ 押解）。 2、 更換。如： 　　更遞（GIEN^ = GANG DI^）。 3、 順次。如： 　　遞加（DI^ GA 順次增加）。 　　遞次（DI^ TS^ 順次,依次）。 　　遞減（DI^ GAM` 順次減少）。 　　遞補（DI^ BU` 依次補上）。 又音 TI^。
DIAv DIA^	蹀 躞	蹀躞（DIAv DIA^ 幼兒學走路,來回多次貌）。
DIAB^	疊	手抓粘物摔在某物上或摔成丸子或摔成某物的樣 子。 　　疊肉丸（DIAB^ NGYUG` IANv 摔疊成肉丸）。 　　搵鼻疊于壁上（SEN^ PI^ DIAB^ BA^ BIAG` 　　　　　　HONG^ 用手搵鼻涕,甩在牆壁上）。

DIAG^	彈	1、 以指彈物。 　　彈耳空（DIAG^ NGI` GUNG 指彈耳殼）。 　　彈珠也（DIAG^ ZU UE` 屈指彈出珠子）。 2、 彈硬（DIAG^ NGANG^ 非常堅硬）。
DIAM	停	停止。 　　車也停矣（TSA E` DIAM MEv 車子停了）。 　　擋不停（DONG` Mv DIAM 煞車不住）。
DIAM	恬	安靜。 　　恬恬（DIAM DIAM 安靜）。 　　盡恬（CHIN^ DIAM 很安靜）。
DIAM^	點 点	點狀播種： 　　點菜種（DIAM^ TSOI^ ZUNG`）。 　　點花仁（DIAM^ FA INv 播種花種）。 　　點菜仁也（DIAM^ TSOI^ INv NE`播種菜種）。 　　點蘿蔔仁（DIAM^ LOv PED^ INv 播蘿蔔 　　　　　　種）。
DIAM^	惦	思念，記掛。如： 　　惦記（DIAM^ GI^）。 　　惦念（DIAM^ NGIAM^）。
DIAM^	玷	污辱。如： 　　玷污（DIAM^ U）。
DIANGv	彈	彈硬（DIANGv NGANG^ 非常堅硬）。 　　彈琴（DIANGv KIMv）。
DIAU	刁	刁難（DIAU NANv 故意為難人）。 　　刁故意（DIAU GU^ I^ 故意的）。
DIAU	鵰	鵰也（DIAU UE`）：鳥類的通稱。 　　細鵰也（SE^ DIAU UE` 小鳥、男童的小 　　　　　　屌）。 　　咕咕鵰（GUv GU^ DIAU 鴿子、班鳩也 BAN 　　　　　　GIEU UE`）。 　　子鵰也（Z` DIAU UE`幼鳥）。 　　鵰射也（DIAU SA^ E` 以石射鳥的橡皮彈弓）。 　　鵰公鵰母（DIAU GUNG DIAU MAv 雄鳥雌 　　　　　　鳥）。
DIAU	屌	男子的生殖器，俗稱 　　屌也（DIAU UE`）。
DIAU	螫	蜂類、蚊蟲用尾針刺人畜。 　　蚊也螫人（MUN NE` DIAU NGINv 蚊子釘 　　　　　　人）。 　　分蜂也螫到（BUN FUNG NGE` DIAU DO` 被蜂 　　　　　　螫釘）。

DIAUv	著 住	[福佬音] 　　著矣（DIAUv UEv 考中了、選上了、貼緊 　　　　了）。 　　耐不住（DU^ Mv DIAUv 耐不住）。
DIAU`	屌	性交： 　　相屌（CIONG DIAU`）。 　　莫屌伊（MOG^ DIAU` Iv 別理他 - 土話）。
DIAU^	調 调	調動。如： 調開（DIAU^ KOI）。 調職（DIAU^ ZD`）。 調兵（DIAU^ BIN 征兵）。 又音 TIAU，TIAUv，TIAU^。
DID` DIED`	滴 滴	1、水點往下落。 　　滴水（DIED` SUI`）。 2、水點聲，滴水貌。 　　滴滴滴滴（DID` DID` DIED` DIED`水滴不停）
DID^	嘀	1、嘀嘀嗒嗒（DID^ DID^ DAB^ DAB^ a.滴水聲， 　　　　　　b.零零星星，c.嚼食出聲）。 2、目攝嘀咄（MUG` NGIAB` DID^ DOG^ 形容不停 　　　　眨眼的人）。
DIED`	跌	1、失足摔倒。 　　跌倒（DIED` DO`）。 2、掉落。 　　跌下去矣（DIED` HA HI^ IEv 掉下去了）。 　　跌落水中（DIED` LOG^ SUI` ZUNG）。 3、物價下降。 　　跌價（DIED` GA^）。 4、遺失。 　　跌歇矣（DIED` HED` LEv 丟掉了，遺失了）。 5、擲落。 　　跌筊也（DIED` GAU^ UE` 擲筊卜吉凶）。 　　跌聖筊（DIED` SUN^ GAU^ 擲筊卜吉凶）。
DIED`	掉	掉歇矣（DIED` HED` DEv 丟掉了）。 掉下來（DIED` HA LOIv 從上面掉下來）。 掉下去矣（DIED` HA HI^ IEv 掉下去了）。 又音 TIAU^。
DIED`	得	「得 DED」的變音。 　　得罪人（DIED` TSUI^ NGINv）。 　　得失人（DIED` SD` NGINv 得罪人）。
DIN	纏	環繞、轉圈。 　　纏纏圓（DIN DIN IANv 繞圓圈，繞圈圈）。 　　纏暈矣（DIN FUNv NEv 轉暈了！）。

		纏一轉（DIN ID` ZON` 繞一圈）。 地球纏日頭（TI^ KYUv DIN NGID` TEUv 地球繞 太陽）。
DIN`	鼎	承受，支撐。 鼎不贏（DIN` Mv IANGv 承受不住，不夠力 量）。
DIN`	頂	1、 承接： 頂讓（DIN` NGIONG^ 權利過繼）。 店頂分人（DIAM^ DIN` BUN NGINv 商店頂讓 給人）。 頂香火（DIN` HIONG FO`承接香火）。 2、 頂在頭上： 頂天立地（DIN` TIEN LIB^ TI^）。 3、 用力支撐。 頂不贏（DIN` Mv IANGv 頂不住，無力支撐）。 頂不起來（DIN` Mv HI` LOIv 支撐不起來，頂不 上來）。
DIN^	釘	用針線縫、用釘子固定。 釘緊（DIN^ HENv 釘緊）。 釘扣也（DIN^ KIEU^ UE` 縫紐扣）。 扣也釘緊（KIEU^ UE` DIN^ HENv 鈕扣縫緊）。 用釘也暫釘（YUNG^ DANG NGE` CHIAM^ DIN^ 用 釘子暫時固定）。
DIN^	佔	佔位置。 佔位（DIN^ WI^ 站或坐的位置，阻擋到別人的 通行）。
DIU	哆	哆苦（DIU FU` 非常苦味）。
DMv	丼	石頭落井的聲音。 丼丼滾（DMv DMv GUN` 石頭落井的聲音）。
DO	垛	器物高起凸出的地方： 眠床垛（MINv TSONGv DO 床的邊緣硬木）。
DOv	拖	拖時間（DOv Sv GIAN）。
DO`	到	接在動詞後，表示「得、受、著」的助詞。 看到（KON^ DO`）。 買到（MAI DO`）。 食到（SD^ DO`吃到，吃著）。 得到（DED` DO`）。 受到（SU^ DO`）。 拿到（NA DO`）。 捉到（ZOG` DO`）。 想到（CIONG` DO`）。

		企到（KI DO` 站著）。 眠到（MINv DO` 躺著）。 踞到（GU DO` 蹲著）。
DO`	倒	1、 人、動物或豎立的東西，橫躺下來。 　　眠倒（MINv DO` 躺臥著）。 2、 跌倒（DIED` DO`）。 　　橫倒（UANG^ DO`跌倒）。 3、 生意虧損、停業。 　　倒店（DO` DIAM^）。 　　倒債（DO` ZAI^）。 　　倒人錢（DO` NGINv CHIENv）。 　　倒歇矣（DO` HED` LEv 倒掉了、關店了）。 4、 傾出容器中的東西。 　　倒水（DO` SUI`）。 　　倒酒（DO` JIU` 斟酒）。 　　倒地圾（DO` TI^ SEB`倒垃圾）。 　　倒轉去（DO`=DO^ ZON` HI^ 倒回去,裝回 　　　　　　去）。 5、 砍樹。 　　倒樹也（DO` SU^ UE`砍樹）。 　　倒竹頭（DO` ZUG` TEUv 砍竹子）。
DO^	倒	1、 後退。 　　倒退（DO^ TUI^）。 2、 向下。 　　倒傾（DO^ JIANG^ 瓶罐嘴向下）。 　　倒頭（DO^ TEUv頭腳倒放）。 　　倒吊（DO^ DIAU^ 綁腳吊在上方,頭向下垂 　　　　　　吊）。 3、 反面。如： 　　倒反（DO^ FAN`=DO^ BIEN`）。 　　倒貼（DO^ TIAB^ 賠本）。 　　打倒摁（DA` DO^ MAG^ 後仰倒下）。 4、 倒回來。 　　倒轉去（DO^ ZON` HI^倒回去,退回去,再回 　　　　　　去）。 　　倒歸來（DO^ GUI LOIv 再回來）。 　　倒去倒轉（DO^ HI^ DO^ ZON`來回又來回、重 　　　　　　復著）。 5、 倒汗（DO^ HON^ 蒸好的食品或東西,冷卻 　　　　　　時,水蒸汽凝結成的水滴。人發燒後退 　　　　　　燒流汗）。

		6、 倒草（DO^ TSO` 牛羊反芻）。
		7、 倒頦（DO^ GOI 倒液體時,液體未從口出,卻 從他處流出）。
DOD`	掇 蓮	蓮 DUN` 的變音。向批發商大量買入。 掇(蓮)貨（DOD` FO^ 買入販賣品）。
DOG`	督	〔河洛音〕察看、看守、管理、督促。 督穩伊（DOG` UN` Iv 看守著他）。
DOG^	剁	舉高大刀用力向下切劈。 剁斷（DOG^ TON 砍斷）。 剁頭（DOG^ TEUv 砍頭）。 剁手腳（DOG^ SU` GIOG` 砍斷手腳）。 剁肉丸（DOG^ NGYUG` IANv 剁碎肉做丸 子）。
DOG^	咄	打呃咄（DA` ED^ DOG^ 打咯）。
DOIv	咄	怒斥,吼叫。 咄人（DOIv NGINv 怒吼罵人）。 咄咄跳（DOIv DOIv TIAU^ 怒吼罵人）。
DOI`	蓮	蓮 DUN` 的變音。整批、大量。 蓮下（DOI` HA^ 全部）。 蓮蓮買下來（DOI` DOI` MAI HA LOIv 整批買 下來）。
DOI^	咄	在別人說話中打岔。 嘀咄（DI^ DOI^ 講話打岔）。 莫咄我（MOG^ DOI^ NGAIv 別打岔）。
DOI^	碓	舂米用石臼。 一碓米（ID` DOI^ MI` 一石臼的米）。 搭碓（DAB` DOI^ 湊足一碓,有作用,有意 思）。 貼碓（DAB` DOI^ 上層磨石貼緊下層磨石,比喻 有作用）。 冇貼碓（MOv DAB` DOI^ 上層磨石沒貼緊下層 磨石,比喻沒有作用,不癢不痛）。
DON`	斷	1、 截止: 斷水（DON` SUI` 截斷水流）。 斷血（DON` HIAD` 止血）。 2、 戒絕: 斷奶（DON` NEN^ 戒絕嬰兒吸母奶）。 3、 切斷: 斷臍（DON` CHIv 切斷臍帶）。 斷心（DON` CIM 截斷植物的嫩芽）。

DONGv	噹	叮叮噹噹（DIN DIN DONGv DONGv 敲響聲，叮噹響）。
DONGv	淌	淌淌汀汀（DONGv DONGv DIN^ DIN^ 滴不停）。
DONGv	擋 挡	〔河洛話〕 擋凸（DONGv DUD^）：耽誤、耽延。
DONG`	擋 挡	1、 阻攔,阻止。 　　阻擋（ZU` DONG`）。 　　擋水（DONG` SUI` 阻擋水流）。 　　擋駕（DONG` GA^ 拒絕來訪客人）。 2、 遮蔽。 　　擋風（DONG` FUNG）。 　　擋雨（DONG` I` 遮雨）。 3、 煞住車子叫「擋 DONG`」。 　　擋不停（DONG` Mv DIAM 煞不住、車子不停）。 4、 剎車零件。 　　擋也（DONG` NGE`煞車系統或機件）。 　　擋也擋不歇（DONG` NGE` DONG` Mv HED^ 煞車機件失靈，煞不住）。
DONG^	當	1、 抵押。 　　當鋪（DONG^ PU`）。 　　典當（DIEN` DONG^ 物品質押在當店）。 　　當票（DONG^ PEU^ 當東西的收據）。 2、 當作。 　　以茶當酒（I TSAv DONG^ JIU`）。 3、 中圈套。 　　上當（SONG^ DONG^）。 4、 勝過。 　　當過（DONG^ GO^ 勝過）。 　　妹也當過賚=賴也（MOI^ IE` DONG^ GO^ LAI` IE` 女兒勝過兒子）。 　　不當（Mv DONG^ 不如、不比）。 　　賣書不當賣冰（MAI^ SU Mv DONG^ MAI^ BEN 賣書不比賣冰賺錢）。
DONG^	襠 裆	褲子兩腿相連處,分岔部分。褲底。如： 　　褲襠（KU^ = FU^ DONG^）。又稱褲襠（FU^ NONG^）。 　　裲襠（LIONG` DONG^ 背心）。 又音 NONG^。
DONG^	重	傷重（SONG DONG^ 河洛音：病情嚴重）。

DU	闐	擋住，頂住。 闐穩（DU UN` 抵住,頂住）。 闐緊（DU HENv 抵緊,頂緊）。 用板也闐（YUNG^ BIONG NGE`DU 以板子抵 住）。
DU	蛛	[河洛音] 蜘蛛（DI DU）。
DUv	堵	相遇。 堵到（DUv DO`）。 相睹頭（CIONG DUv TEUv 相碰面）。
DU`	抵	正好。 抵好（DU` HO`）。 抵抵好（DU` DU` HO` 恰恰好）。
DU`	賭 賭	1、賭博（DU` BOG` 以財物計勝負）。 賭錢（DU` CHIENv）。 2、賭造化（DU`TSO^ FA^ 踫運氣,與造化主爭輸 贏）。 3、賭氣（DU` HI^）。 賭吝（DU` LIN`偏偏、負氣、故意）。
DU`	貯 貯	儲藏、儲蓄。 貯金（DU` GIM 儲蓄）。 貯蓄（DU` HYUG`儲蓄）。
DU^	耐	忍耐。 耐不住（DU^ Mv DIAUv）。 耐得歇（DU^ UE` HED^ 耐得住）。
DU^	黝	1、黑色。 黝烏（DU^ U 很黑,黝黑）。 2、烏黝沁（U DU^ SEM^ 酷冷陰暗的天氣）。
DU^	佇	(河洛音)在。 佇屋家（DU^ UG` GA 在家裡）。 佇哪也（DU^ NA^E`在哪裡？)
DU^	兜	兜風（DU^ FUNG 迎風、直接吹風）。
DUD`	觸	觸摸、踫著。 莫觸到我（MOG^ DUD` DO` NGAIv 別踫到 我）。 撩撩觸觸（LIAUv LIAUv DUD` DUD` 動手動腳 觸摸人,毛手毛腳、輕佻）。 觸我知（DUD` NGAIv DI 暗中通知我）。
DUD^	碓	沉重。 碓碓滾（DUD^ DUD^ GUN` 像抱石磨一樣沉重 的感覺）。

DUG`	凸	尖底(尖)： 鑊凸（UOG^ DUG` 球形鍋的尖底）。 碗凸（UON` DUG` 碗的尖底）。
DUG`	涿	雨水下滴。 涿雨（DUG` I` 淋雨）。 涿濕（DUG` SB` 淋濕）。
DUG^	剟	刀切螺尖尾，刀尖由高處跌下插入。 剟田螺（DUG^ TIENv LOv 刀切田螺尖尾）。 剟到腳（DUG^ DO` GIOG` 尖刀插在腳上）。
DUI	追	[河洛音]「追 ZUI」的變音。 1、自後趕上： 追趕（DUI GON`）。 2、補回： 追捕（DUI BU` 追逐捕捉）。 追回（DUI FIv 找回來）。 追加（DUI GA 再增加）。 追究（DUI GYU^ 查究過去的錯失）。 追思（DUI S 追念）。
DUI`	啄	鳥類以嘴啄食或攻擊： 啄人（DUI` NGINv）。
`DUI`	搐	抽搐。 搐掣（DUI` TSAD` 抽搐）。 電會搐人（TIEN^ UOI^ DUI` NGINv 電力會抽搐人）。
DUN	燉	1、隔水文火加熱。 燉飯（DUN FAN^ 悶飯）。 燉燒來（DUN SEU LOIv 加熱使溫）。 2、慢煨使熟。 燉肉（DUN NGYUG`）。 燉補（DUN BU` 煨燉補品）。 燉雞酒（DUN GIE JIU`）。
DUN	鐓	切斷樹梢： 鐓樹尾（DUN SU^ MI）。
DUN	惇	1、信實。如： 惇篤（DUN DUG`）。 2、厚道。如： 惇厚（DUN HEU^）。 惇德（DUN DED` 厚道）。 惇惠（DUN FI^ 寬厚慈惠）。 惇惇（DUN DUN）：誠實篤厚的樣子。
DUN	諄	1、諄諄（DUN DUN 誨人不倦、說話誠懇）。 2、諄厚（DUN HEU^）：敦厚。

	誟	亦音「諄 ZUN」。
DUN`	躉	整批買入並囤積。 躉貨（DUN` FO^）。
DUN`	囤	存放糧食的倉庫、存儲物品。 囤貨（DUN` FO^）。 囤糧（DUN` LIONGv）。
DUN`	楯	木樁。 釘楯（DANG DUN` 釘木樁）。 竹楯也（ZUG` DUN` NE` 竹樁）。
DUN`	頓	1、 短時間停歇。 停頓（TINv DUN`）。 頓腳（DUN` GIOG`）：歇腳，駐足。 頓筆（DUN` BID` 暫時停筆）。 2、 忽然、立刻。 頓時（DUN` Sv）。 頓悟（DUN` NGU^ 忽然領悟）。 3、 窮困、挫折。 困頓（KUN^ DUN`）。
DUN` DUN^	盹	打盹(DA` DUN`=DUN^ 小睡,打瞌睡）。 盹眠（DUN`=DUN^ MINv 小睡,打瞌睡）。
DUN^	頓	1、 擠壓。 頓緊（DUN^ HENv 擠緊）。 2、 耍賴。 頓掘（DUN^ KUD^ 哭鬧耍賴）。
DUNG	中	中間,中央。 蒂中（DI^ DUNG 中間,中央,中心）。 中央（DUNG ONG）。
DUNG	頂	頂頭觸腦（DUNG TEUv DUD` NO` 頭上頂觸屋 頂、車頂）.。 頂包袱（DUNG BAU FUG^ 包袱放在頭上頂 著）。 頂書包（DUNG SU BAU 書包頂在頭上）。
DUNGv	胴	1、 肥壯。 食于恁胴（SD^ LA^ AN` DUNGv 吃得這麼肥 壯）。 2、 酸味太濃。 胴酸（DUNGv SON）。
DUNG`	鬅	頭髮亂、絲繩亂。 鬅茸（DUNG` YUNGv 蓬鬆）。
E	焉	形容詞、副詞後表示小、少、些的語助詞。發音必須 與前韻結合。

56

		下把焉（HA^ BA` E 偶而一次的）。 近近焉（KYUN KYUN NE 很近的）。 定定焉（TIN^ TIN^ NE 慢慢地）。 輕輕焉（KIANG KIANG NGE 輕輕地）。 一些焉（ID` CID` DE 一些些）。 初三四邊焉（TSU SAM CI^ BIEN NE 初三、四日 左右）。
Ev	矣	表完成、肯定、過去的語助詞「了」。發音必須與 前韻結合。 去矣（HI^ IEv 已經去了）。 來矣（LOIv IEv 來了）。 食飽矣（SD^ BAU` UEv 吃飽了）。 做好矣（ZO^ HO` UEv 做好了）。 會行矣（UOI^ HANGv NGEv 會走路了）。
E`	也	在名詞後，表示非龐大之物。發音必須與前韻結 合。 遮也（ZA E` 雨傘, 陽傘）。 杯也（BI IE` 杯子）。 鴨也（AB` BE` 鴨子）。 盒也（HAB^ BE` 盒子）。 刀也（DO UE` 刀子）。 矮凳也（AI` DEN^ NE` 矮凳子）。 眼枷也（NGIAN` GA E` 眼鏡）。 動名詞： 鋸也（GI^ IE` 鋸子）。 扇也（SAN^ NE` 扇子）。 梳也（S E` 梳子）。 鑿也（TSOG^ GE` 鑿子）。 秤也（TSN^ NE` 秤子）。 鑽也（ZON^ NE` 鑽子）。 漆刷也（CHID` SOD` LE` 油漆刷子）。
E`	得	在動詞後，表示可能的介詞「得」。發音必須與前 韻結合。 看得到（KON^ NE` DO`）。 食得飽（SD^ DE`=LE` BAU`）。 扛得起來（GONG NGE` HI` LOIv 抬得起來）。
E`	喂 唉 誒	1、無名無姓的叫人。 2、提醒發呆中的人注意，是一般的提醒語。 又音 OI`, UE, UE`, WI^ 。
EB`	湮	滅火，撲滅。 湮火（EB` FO`）。

ED`	呃 噎 噫 嗝	打呃＝噎＝噫＝嗝（DA` ED`）：喝汽水或吃飽後，氣逆上衝,發出的聲音。 呃呫（ED`＝ED^ DOG^）：打咯。
ED^, JIED^	擲	投擲。 擲石頭（ED^＝JIED^ SAG^ TEUv）。
EM	鶴 鵖	鵖鶴也（EM TUNv NE`）：鳥名。
EM	掩	1、 遮擋。 　掩面（EM MIEN^＝AM MIEN^以手、布、紙等蒙面）。 　掩被（EM PI 蒙蓋棉被）。 　掩耳空（EM NGI` GUNG 搗掩耳朵）。 2、 雙手掬取。 　掩水（EM SUI` 捧水）。 　掩泥（EM NAIv 捧泥土）。 　掩砂（EM SA 捧砂）。 3、 哄孩子入睡。 　掩細人也睡（EM SE^ NGINv NE` SOI^ 哄孩子睡）。 4、 避掩目（BIANG^ EM MUG`）：捉迷藏。
EN	偧	我等，我們。
EU	慪 恘	1、心中有氣不能發洩。 　慪氣（EU HI^）。 2、招惹，逗引： 　慪人（EU NGINv 撩人）。
EU	謳	歌吟，齊聲唱歌。如： 　謳歌（EU GO 齊聲唱歌、頌揚功德）。
EU`	漚	不新鮮的色澤。 　漚漚（EU` EU` 不新鮮）。 　漚黃矣（EU` UONGv NGEv 放久變黃了，如白布、白紙、紙幣等）。 　漚壁角（EU` BIAG` GOG` 久放牆角不用）。
EU`	嘔 呕	吐。如： 　嘔吐（EU` TU^ 從肚內吐出）。 　嘔氣（EU` HI^ 賭氣、生氣、悶氣）。 　嘔心（EU` CIM 指苦心力想）。 　嘔心瀝血（EU` CIM LID^ HIAU` 費盡心血苦思,已到吐出心血的程度）。
EU^	熰	生火。 　熰火（EU^ FO` 生火燒起來）。

FAD`	闊	寬廣。 闊狹（FAD` HAB^ 寬窄）。 闊嘴（FAD` ZOI^ 寬廣的嘴巴）。 闊面（FAD` MIEN^門面寬，交際廣）。
FAD^	乏	缺少。 缺乏（KIAD` FAD^）。 疲乏（PI FAD^ 疲倦）。
FAG`	活	活生生地。 活生（FAG` SANG）。 活起來（FAG` HI` LOIv 陽具勃起）。
FAIv	踝	1、 腳後跟。 2、 腳掌與小腿之間，兩旁突出的骨頭。 　　腳踝（GIOG` FAIv = KUA^）。 又音 KUA^。
FAI^	壞	1、 損毀。 　　損壞（SUN` FAI^）。 　　破壞（PO^ FAI^）。 2、 行為惡劣、不聽勸告、不正當、亂來。 　　某人盡壞（CHIN^ FAI^）：欺騙嫖賭樣樣來。 　　變壞矣（BIEN^ FAI^ IEv 行為偏差，變壞了）。 　　壞壞（FAI^ FAI^ 身體衰弱貌）。
FAM	犯	犯人（FAM NGINv）：妨礙人，阻擋著人，礙手 　　礙腳。 犯到鬼（FAM DO` GUI`）：被鬼魂附著。
FANG`	反	板也反反（BIONG NGE` FANG` FANG` 木板變 　　形，不平坦。 盡反個細人也（CHIN^ FANG` GE^ SE^ NGINv NE` 　　很頑皮的小孩）。
FE`	歪 喎	鍋也歪歪＝喎喎（UOG^ GE` FE` FE` 鍋子歪斜不 　　正）。 面歪＝喎一片（MIEN^ FE` ID` PIEN` 臉歪一邊）。 腳歪歪＝喎喎（GIOG` FE` FE` 跛腳）。
FI^	賄 賄	1、 財貨。如： 　　受賄（SU^ FI^ 接受賄賂）。 2、 送人財物企圖徇私枉法。如： 　　行賄（HANGv FI^）。 　　賄賂（FI^ LU^）。 　　賄選（FI^ CIEN` 以財物請人投票選舉）。
FID` FID^ FIN^	甩 拂	1、 丟棄。 　　甩＝拂歇（FID` HED` 丟掉）。 2、 搖尾巴： 　　甩＝拂尾（FID^ MI）。

		3、甩掉。甩=拂手（FIN^ SU` 甩手減輕痛楚或甩去水滴）。 手甩畀燥（SU` FIN^ BI` ZAU 把濕手甩乾）。
FINv	迴	迴索也（FINv SOG` GE` 旋轉繩索：抓住繩尾,繞著繩端轉圈子）。 迴人（FINv NGINv 抓孩童雙腳或雙手,懸空繞圓圈）。
FIN^	甩	甩頭（FIN^ TEUv 猛搖頭）。
FOv FO`	夥	同事,伙伴。 合夥（HAB^ FOv = FO`）。 夥計（FOv = FO`GI^ 伙伴）。 夥伴（FOv = FO`PAN^）。
FO` FOv	伙	同「夥 FOv , FO`」。合股、作伴。 伙計（FOv = FO`GI^ 夥伴）。 伙伴（FOv = FO`PAN^夥伴）。
FOI	花	〔河洛話〕「花」的變音,不講理、無理取鬧、用口理論。 花透夜（FOI TEU^ IA^ 無理取鬧一整夜）。 同伊花（TUNGv Iv FOI 與他理論）！ 花不直（FOI Mv TSD^ 理論不完、有理說不清）。
FON^	逭	逃避。如： 罪無可逭（TSUI^ Uv KO` FON^ 罪不能逃）。
FONG	盍	血。 鼻盍也（PI^ FONG = UONG^ NGE` 鼻血）。 豬盍也（ZU FONG = UONG^ NGE` 豬血）。 又音 UONG^。
FONG	肓	人體心臟下、橫隔膜上面的部位名： 膏肓（GAU FONG 膏是心下微脂,肓是膈上薄膜）。 病入膏肓（PIANG^ NGIB^ GAU FONG 病重難治,醫不好的病）。
FU	脯	乾熟的肉鬆、魚鬆。 肉脯（NGYUG` FU 肉鬆）。 魚脯（NGv FU 魚鬆）。
FU	麩 麬	粉狀物。 米麩（MI` FU 磨碎的米）。 鋸屎麬（GI^ S` FU 鋸木屑）。
FUv	戶	戶檻（FUv KIAM 門檻:門下的橫木）。

60

FU`	苦	苦味（FU` MI^ 味苦）。 苦苦（FU` FU` 味苦的）。 苦瓜也（FU` GUA E` 苦瓜）。
FU`	釜	烹飪器，鍋子： 　　釜底抽薪（FU` DAI` TSU CIN 徹底解決的 　　　　辦法）。
FU^	戽	1、汲水灌田的口字形器具稱為： 　　戽斗（FU^ DEU`）：引申為下顎突出的臉相。 2、用戽斗汲水叫： 　　戽水（FU^ SUI`）。
FU^	腐	豆腐（TEU^ FU^）。 豆腐乳（TEU^ FU^ I`）。
FU^	褲 袴	穿在下身、包住臀部及腿的衣服。 　　衫褲＝袴（SAM FU^）。 　　褲＝袴襠（FU^ DONG^ ＝ NONG^ 褲底，褲子兩腿 　　　　相連處）。 　　長褲＝袴（TSONGv FU^）。
FU^	赴	去、前往。 　　赴考（FU^ KAU` 趕往考試）。 　　赴晝（FU^ ZU^ 趕上午餐）。 　　赴死（FU^ CI` 趕上死亡）。 　　赴不到（FU^ Mv DO` 趕不上）。
FUD`	窟	窟窿。 　　湖窟（FUv FUD` 小湖、小水池）。 　　窟也（FUD` DE` ＝ LE` 低於平面的窟窿）。 　　屎窟（S`＝S^ FUD` 屁股,肛門）。
FUD`	付	付 FU^ 的變音。 　　付錢（FUD` CHIENv 錢支付完畢）。 　　付歇矣（FUD` HED` LEv 付完了）。
FUD^	核	1、果實的核仁。 　　牛眼核（NGYUv NGIAN` FUD^ 龍眼核）。 2、卵核（LON` FUD^ 睪丸）。
FUG^	斛	斛桶（FUG^ TUNG` 舊時農人打穀承穀粒的大木桶， 　　　　今稱打穀機）。
FUN	葷	1、肉類食物。 　　葷齋（FUN ZAI 葷菜與齋菜）。 　　葷腥（FUN CIANG 魚肉食品）。 2、有刺激性的蔬菜，像蔥、蒜、韭菜等。 　　葷菜齋菜（FUN TSOI^ ZAITSOI^）。
FUNv	暈	暈車（FUNv TSA 因車行而眩暈嘔吐）。 暈船（FUNv SONv 因船行而眩暈嘔吐）。

61

		頭顱暈暈（TEUv NAv FUNv FUNv 頭暈暈的）。
		暈暈（FUNv FUNv 眩暈，傻呆呆的）。
FUNG`	霻	液體搖溢出。
		水霻歇矣（SUI` FUNG` HED` LEv 水搖溢出來了）。
FUNG`	霻	雄性動物交配時的不雅動作。
		霻吝（FUNG` LIN`）。
FUNG`	霻	腳不良於行。
		腳霻霻（GIOG` FUNG` FUNG` 跛腳）。
	枷	1、套在犯人頸上的刑具。如：
		枷鎖（GA SO`）。
		搿枷（KAI GA 犯人頸上加上刑具）。
		日枷雨濛濛，月枷曬死禾（NGID` GA I` HOv HOv，NGIAD^ GA SAI^ CI` UOv）：太陽外圍有彩圈時，天將下大雨；月亮外圍有彩圈，則將有大太陽。
		2、眼枷也（NGIAN` GA E` 眼鏡）。
		3、連枷（LIENv GA 打穀器具：長棍的尾端加一段可以迴旋的短棍，以敲打穀豆，使之脫落的農具）。
GAv	膠	釀膠膠（NEUv GAv GAv 液體膠濁、事態複雜。「釀 NEUv 是 NUNGv 的變音」。
GA`	傀	傀儡（GA` LIv　a、自己沒有主張而被操縱的人。　b、早期居住高山上,下山出草殺人的番人）。
GAB`	合	1、　合=甲本（GAB` BUN` 合股）。
		2、　合=甲到人(GAB` DO` NGINv 與人通姦）。
		3、　縫合（LIONv GAB` 以針線結合）。
		合縫（GAB` PUNG^ 針線結合處,相縫合處）。
		合線縫（GAB` CIEN^ PUNG^ 以針線縫結之處或以針線縫合）。
GAB`	夾	裝訂。
		夾書（GAB` SU）：裝訂書本。
GAB`	裓	褂裓也（GUA^ GAB` BE`）：短袖外衣。
GAB`	頰	面頰卵（MIEN^ GAB` LON` 面頰、臉蛋）。
GAB`	鴿	月鴿也（NGIAD^ GAB` BE` 鴿子）。
GAB^	呷	狗、豬吃食有湯食物的動作或聲音：
		咭咭呷呷（GID^ GID^ GAB^ GAB^）。
		狗呷烏蠅（GIEU` GAB^ U INv 狗咬蒼蠅,喻言多無實效。
GAD` SAD`	格	奈何不得。

62

	殺	怎格殺（NGIONG` GAG`=GAD` SAD` 如何格殺）？ 不得格殺（Mv DED` GAG`= GAD` SAD` 無可奈 何）。
GAG`	格	1、 方形格子。 　　格也（GAG` GE` 格子）。 2、 書架、衣櫥一層叫： 　　一格（ID` GAG`）。 3、 打鬥。 　　格殺（GAG` SAD 以槍械殺死）。
GAG`	合	合意（GAG` I^ = HAB^ I^ 符合心意。中意）。 合貨（GAG` FO^ 配合貨品出售）。
GAG`	塥	泥土： 　　泥塥磚（NAIv GAG` ZON 土磚）。
GAG`	骼	聯合許多骨頭而成的骨架。枯骨。 　　骨骼（GUD` GAG`）。
GAG`	膈	胸腔和腹腔之間的肌肉膜稱為 　　橫膈膜（UANGv GAG` MOG^）。
GAG^	隔	攔斷、隔離分開。 　　將兩隻豬母隔開來（JIONG LIONG` ZAG` ZU 　　　　　　　　　　MAv GAG^ KOI LOIv）。
GAG`	塥	泥土： 　　泥塥磚（NAIv GAG` ZON 土磚）。
GAM	監	監牢（GAM LOv）：關犯人的地方，監獄。 坐監（TSO GAM 被關在監牢）。
GAM	尷	尷尬（GAM GIE^ a、事情不易處理、左右為 　　難。b、困窘、難堪。c、素行不端）。
GAM	緘 緘 械	1. 封口。 　　緘默（GAM MED^ 閉口不言）。 　　緘口（GAM KIEU` 閉口）。 2. 書信。 　　信緘（CIN^ GAM 信件）。
GAMv	含	含在口中。 　　含水（GAMv SUI` 口中含著水）。 　　含糖也（GAMv TONGv NGE` 口含糖果）。 　　金含也（GIM GAMv ME`）：小圓糖。整個放 　　　　在口中含著，慢慢溶化的糖果。
GAM^	間	間隔。 　　間日（GAM^ NGID` 隔一天）。 　　間行（GAM^ HONGv 間隔一行）。 　　間格（GAM^ GAG` 間隔一格）。 　　間桄（GAM^ GUANG 間隔一行，梯子隔一橫 　　　　木）。

GANG	更	1、 古時把一夜分成五更（NG` GANG）。
		半夜三更（BAN^ IA^ SAM GANG）。
		2、 改換。
		更換（GANG FON^ = UON^）。
		更動（GANG TUNG^ 變動）。
		更改（GANG GOI`）。
		3、 閱歷。
		少不更事（SEU^ BUD` GANG S^ 年少閱歷淺
		薄）。
GANG	糡 粳	漿糊。
		糊糡＝粳（GOv GANG 塗抹漿糊）。
GANG	羹	1、 調以五味的湯：
		肉羹（NGYUG` GANG 肉湯）。
		羹湯（GANG TONG 濃湯）。
		2、 湯匙：
		調羹也（TIAUv GANG NGE` 湯匙）。
GANG`	哽 骾 鯁	食道或咽喉堵塞。
		哽到（GANG` DO` 噎到，咽喉堵塞）。
		骾死（GANG` CI` 被骨頭哽死）。
		魚鯁（NGv GANG` 魚骨鯁在喉嚨裏，鯁塞）。
GANG^	捗	阻絆。
		捗人（GANG^ NGINv 阻礙人）。
		捗腳（GANG^ GIOG` 絆腳）。
		捗橫人（GANG^ UANG^ NGINv 絆倒人）。
GAU	過	遍滿。
		行過矣（HANGv GAU UEv 走遍了）。
		問過矣（MUN^ GAU UEv 問遍了）。
		尋過了（CHIMv GAU UEv 找遍了）。
GAU`	搞	玩耍。
		搞水（GAU` SUI` 玩水）。
		搞泥（GAU` NAIv 玩泥土）。
		好搞（HAU^ GAU` 愛玩）。
GAU`	攪 搅 捁	1、 擾亂。
		攪亂（GAU` LON^）。
		2、 拌和。
		攪拌（GAU` BAN^）。
		3. 胡為：
		亂攪（LON^ GAU`）。
GAU`	狡	不誠實、奸猾：
		狡猾（GAU` UAD^）。
		狡詐（GAU` ZA^）。

		狡獪（GAU` GUAI^ 奸詐刁滑、不誠實、反叛、頑皮）。 狡辯（GAU` PIEN^ 奸詐強辯）。 狡賴（GAU` LAI^ 狡辯）。
GAU^	交	交換。 肉交菜（NGYUG` GAU^ TSOI^ 以肉換蔬菜）。 偷米交番薯（TEU MI` GAU^ FAN SUv 偷米換地瓜，比喻得不償失）。
GAU^	誥	告誡文、符咒。 符誥（PUv GAU^）。
GAU^	窖	1、 儲藏東西的地洞。 地窖（TI^ GAU^）。 糞窖（BUN^ GAU^ 糞坑）。 2、 水窖也（SUI` GAU^ UE`）：洗滌用的小水池。
GAU^	酵	發酵（FAD` GAU^）：酵母菌。
GAU^	筊 筶 珓	占卜用的竹塊、木塊、貝殼。 杯筊=筶=珓（BI GAU^ 擲空落地占卜的兩片竹木塊或貝殼).。 聖筊=筶=珓（SUN^ GAU^ 一片仰一片俯,表示吉利之意）。 笑筊=筶=珓（SUN^ GAU^ 兩片皆仰,一笑置之之意）。 陰筊=筶=珓（IM GAU^ 兩片皆俯,不喜不悅之意）。 跌聖筊=筶=珓（DIED` SUN^ GAU^ 擲筊=窖=珓以卜吉凶)。
GAU^	鉸	交叉支點： 剪刀鉸（JIEN`DO GAU^剪刀兩片交合的支點）。 門鉸也（MUNv GAU^ UE`門軸支點）。 硬鉸（NGANG^ GAU^ 支點因缺油潤滑,卡住不動了,比喻生疏不靈活了）。
GAU^	覺 觉	1、 睡著的一段時間。 睡一覺目（SOI^ ID` GAU^ MUG`睡一覺）。 一覺到天光（ID` GAU^ DO^ TIEN GONG）。 2、 亂成一團。 一覺落（ID` GAU^ LAU^）。
GE^	個 个	的、之。 這個（IA` GE^ 這裡的）。 該個（GE^ GE^ 那裡的）。 新個（CIN GE^ 新的）。

		我個（NGAIv GE^ 我的）。 黃色個紙（UONGv SED` GE^ Z` 黃色的紙）。
GE^	該	遠指、那個。 該個（GE^ GE^ 那個）。 該兜（GE^ DEU 那些）。 該片（GE^ PIEN` 那邊）。 該儕（GE^ Sav 那位,那個人）。 該本書（GE^ BUN` SU 那一本書）。 這裡該裏（IA` LE GE^ LE` 這裡那裡）。
GI	丌	1、姓。 2、複姓： 丌官（GI GON）。 3、托物器具： 下丌（基）：托物之丌。 又讀 KIv：古「其」字。
GI	几	小桌子。如： 茶几（TSAv GI）。 又音 GI`：「幾」的簡體字。
GI	箕	1、揚米去糠的竹器。 簸箕（BAI^ GI）。 2、掃地盛垃圾的器具。 畚箕（BUN^ GI）。 3、竹製盛物器具： 插箕（TSAB` GI 竹篾編製,裝穀入袋用箕）。 端箕也（DEU GI IE` 竹篾編製雙手端土用箕）。 4、手指的紋路。 箕斗（GI DEU` 指紋是 U 字形的稱為「箕」,是圓形的稱為「斗」或「膈 LOv」）。
GIv	佢	伊、他、她,用以代替通性第三者-伊。
GIv	咭	吱雜的頻率聲音。 咭咭滾（GIv GIv GUN`）。
GI^	咭	吱雜高頻率聲音。 咭咭滾（GI^ GI^ GUN`）。
GI^	髻	髮束,髮團。 髻鬃也（GI^ ZUNG NGE`）。
GIA	其 乃	[其(佢)]與[他]的合音。乃,他的。又音 IA。 其=乃爸（GIA=IA BA 他的爸爸）。 其=乃哥（GIA=IA GO 他的哥哥）。

66

GIA^	崎	坡度大的路面。如： 上崎（SONG GIA^ 上坡）。 下崎（HA GIA^ 下坡）。 溜崎（LIU^ GIA^ 滑下坡）。 大崎（TAI^ GIA^ 大陡坡）。 竭崎（KIAD^ GIA^ 竭盡力氣爬坡）。
GIAB`	劫 刧 刦	1、搶奪。 　搶劫（CHIONG` GIAB`）。 　劫富救貧（GIAB` FU^ GYU^ PINv）。 　劫持（GIAB` TSv）。 　劫機（GIAB` GI 劫持飛機）。 　劫獄（GIAB` NGYUG^ 從監獄劫人）。 　劫後餘生（GIAB` HEU^ Iv SANG）。 2、災難。如： 　災劫（ZAI GIAB`）。 　劫運（GIAB` YUN^）。 　劫數（GIAB` SU^ 指不好的命運）。
GIAB`	莢	豆莢（TEU^ GIAB`豆類的外殼）。
GIAB`	浹	濕黏狀。 　黏黏浹浹（NGIAMv NGIAMv GIAB` GIAB`）。 　汗流浹背（HON^ LIUv GIAB`BOI^ 全身都是 　　　汗）。
GIAB`	夾	用筷子夾。 　夾菜（GIAB`TSOI^ 用筷子夾菜）。 　夾肉（GIAB` NGYUG`）。
GIAB^	挾	挾在腋下或用夾子挾。 　挾一枝筆（GIAB^ ID`GI BID`）。 　挾一本書（GIAB^ ID`BUN`SU）。
GIAD`	躼	躼舌（GIAD` SAD^ 口吃，說話結巴）。
GIAG`	遽	快，速度高。 　遽遽（GIAG` GIAG` 快快）。 　遽慢（GIAG` MAN^ 快慢）。 　蓋遽＝盡遽（GOI^ GIAG`＝CHIN^ GIAG` 很快）。
GIAI^	解	押送： 　解送（GIAI^ SUNG^）。 　解押＝押解（GIAI^ AB`＝AB`GIAI^）。 　解去衙門（GIAI^ HI^ NGAv MUNv 押解到警局 　　　去）。
GIAM`	撿	1、收拾。 　撿揫（GIAM`CHIU 收拾妥當）。 　撿淨來（GIAM` CHIANG^ LOIv 收拾乾淨）。

67

		2、 收錢或付錢： 撿錢（GIAM`CHIENv）。 3、 撿人食（GIAM`NGINv SD^）：給人吃。 莫撿伊食（MOG^ GIAM`Iv SD^ 不給他吃）！ 4、 撿碗筷（GIAM`UON`KUAI^ 飯前準備碗筷）。
GIAM^	鹼	鹼鹼（GIAM^ GIAM^）：水味不鮮，略有鹼 味。
GIAN`	鹼	番鹼（FAN GIAN` 有香味的肥皂）。 石鹼（SAG^ GIAN` 洗滌用肥皂）。
GIAN`	揀 拣	挑選。 揀選（GIAN`CIEN`）。 揀擇（GIAN`TSED^ = TOG^ 選擇）。 揀揀擇擇，擇到爛瓠勺（GIAN`GIAN`TOG^ TOG^，TOG^ DO`LAN^ PUv SOG^ 千挑萬 選，結果挑到的是破爛的葫蘆勺子）。
GIANG	驚	1、 似小鹿的動物。 驚也＝猄也＝獍也（GIANG NGE`）。 2、 害怕。不驚(Mv GIANG 不怕)。 著驚(TSOG^ GIANG 驚懼)。 驚怕（GIANG PA^ 恐怕）。
GIANG	猄	猄也（GIANG NGE` 似小鹿、動作敏捷的小 獸）。
GIANG	獍	1、 獍也（GIANG NGE` 似小鹿、動作敏捷的 小獸）。 2、 黃獍（UONGv GIANG 野鹿）。
GIANG	荊	布荊也（BU^ GIANG NGE` 樹名:荊棘。）
GIANGv	涓	口水垂滴。 涓口涎（GIANGv HEU`LAN 流口水）。
GIAU	攪	攪粉（GIAU FUN` 攪拌粉）。 攪糖（GIAU TONGv 加入糖攪拌）。
GIAUv GIAU^	嘵	嘵嘵嘵嘵（GIAUv GIAUv GIAU^ GIAU^ 吵鬧 聲）。 嘵一暗晡（GIAUv ID`AM^ BU）：吵一個晚上。
GIB^	禁	禁伊不好出去(GIB^ Iv Mv HO`TSUD`HI^ 禁止他 不可出去)。

GID`	橘 桔	「橘」的簡字。 　　桔也（GID` LE` 小橘子）。 　　又音 GIAD`。
GID`	棘	1、多刺的灌木。如： 　　荊棘（GIN GID`）。 2、棘手（GID` SU` 事情難辦）。
GID^	擠	擠壓，擁擠。 　　擠緊（GID^ HENv 擠緊）。 　　擠穩矣（GID^ UN` NEv 擠住了）。 　　擠出水來（GID^ TSUD` SUI` LOIv）。
GID^	洁	很、非常。 　　洁淨（GID^ CHIANG^）：非常乾淨。
GIE	繫	繫皮帶（GIE PIv DAI^）。 　　繫褲（GIE FU^ 將褲頭繫緊）。
GIEv	醢	鹹醬。 　　魚醢（NGv GIEv 魚醬）。 　　滷醢（LU GIEv 製魚醬。衣服成堆沒洗,像製造 　　　　醬菜）。
GIE`	疥	發疥（BOD` GIE`）：蔬菜或植物表面不潔的病 　　　　蟲害。
GIEB^	激	波浪洶湧,激起浪花,搖蕩溢出。 　　水激出來（SUI` GIEB^ TSUD` LOIv 水桶水滿時搖 　　　　蕩溢出）。 　　海浪激于恁高（HOI` LONG^ GIEB^ BA^ AN` GO 　　　　　　激起這麼高的海浪）。
GIED`	結	1、絲線繩索亂成一團叫 　　打結（DA` GIED` 線頭繩尾或線中繩中繞一個 　　　　團，也叫打結）。 2、摶草結（TONv TSO` GIED`）：摶綁稻草結成燃 　　　　料。 3、佩掛。 　　結名牌（GIED` MIANGv PAIv 佩掛自己名字的牌 　　　　子）。
GIEMv	弇	1、加蓋、壓蓋。 　　弇蓋（GIEMv GOI^ 加上蓋）。 　　弇塞（GIEMv SAD` 蓋滿、蓋緊）。 2、蓋印。 　　弇印（GIEMv IN^）。
GIEM` NEM`	宀	寶蓋頭。 　　弇宀（GIEM` NEM`＝MIEN`）。
GIEN^	凌	接近，冷凍。

		凌冰（GIEN^ BEN 使之冷凍）。 凌人（GIEN^ NGINv 以冷物靠人)。
GIEU	鉤 勾	1、 吊鉤，用以懸掛或探取物品的亅）乚型勾子。 　　秤鉤也（TSN^ GIEU UE` 手秤勾東西的勾子）。 　　釣鉤也（DIAU^ GIEU UE` 垂釣用鉤子）。 　　吊鉤也（DIAU^ GIEU UE` 吊東西的鉤子）。 2、 以勾勾取或以手探取： 　　用鉤也勾（YUNG^ GIEU UE` GIEU 用鉤子去 　　　　勾）。 　　勾到一領衫（GIEU DO` ID` LIANG SAM 勾到一件 　　　　上衣）。
GIEU	搆	伸手向上或向前取： 　　搆柚也（GIEU YU^ UE` 搆採柚子）。 　　搆不到（GIEU Mv DO` 伸手及不到）。
GIEU	鳩	斑鳩（BAN GIEU）：形狀、聲音似鴿子，身體 　　較小。
GIEU`	繳	繳納（GIEU` NAB^ 交納）。 繳交（GIEU` GAU 交納）。 繳稅（GIEU` SOI^ 納稅）。 繳款（GIEU` KUAN` 付錢）。
GIEU^	噭	哭泣。 　　噭吱（GIEU^ Z 哭出聲音)。 　　好噭（HAU^ GIEU^ 愛哭）。
GIM	妗	舅母。 　　阿妗（A GIM 稱呼舅母）。
GIM^	金	黃金。 　　金指（GIM^ Z`：金戒指（GIM GIAI^ Z`）。
GIM^	錦 锦	錦青（GIM^ CHIANG 顏色非常的青）。
GIN	筋	1、 肌腱或連著骨頭的韌帶。 　　筋肉（GIN NGYUG`）。 　　筋骨（GIN GUD` 筋肉和骨骼）。 　　腳筋（GIOG` GIN）。 　　牛筋（NGYUv GIN）。 　　發呣筋（BOD` CIEN` GIN 抽筋）。 　　筋疲力竭（GIN PI LID^ KIAD^ 精力竭盡）。 2、 靜脈管的俗稱。 　　青筋（CHIANG GIN）。
GIN	鯨 鲸	鯨魚（GIN NGv 海中最大的哺乳動物）。 鯨吞（GIN TUN 兼併）。 鯨蠟（GIN LAB^ 從鯨的頭部取出像蠟的物

		質，可做燃料和塗料）。 鯨鯢（GIN NIv 性猛惡、能吞食小魚的大 　　魚）。
GIN	兢	1、小心謹慎的樣子。如： 　　兢兢（GIN GIN 小心戒慎貌）。 　　戰戰兢兢（ZAN^ ZAN^ GIN GIN）。 2、兢兢業業（GIN GIN NGIAB^ NGIAB^ 勤奮工 　　　作貌）。 注意：不同於「競 GIN^」字。
GIN`	整	整個。 　　整間屋（GIN` GIAN WUG`）。 　　整本書（GIN` BUN` SU）。 　　整頭樹也（GIN` TEUv SU^ UE` 整棵樹）。
GIN`	拳	剪拳（JIANG` GIN` [從日語ジャンケンポン 　　　（剪、拳、布＝包）- JIANG` GIN` BU^ 　　　(BAU) 而來的簡略語,就是剪刀、拳 　　　＝石頭、布 - "猜拳"]）。
GIO	踞	拳曲，彎曲。 　　踞曲（GIO GYU` 拳曲，彎曲）。 　　狗踞眠（GIEU` GIO MINv 像狗一樣踞曲著身體 　　　睡）。 　　踞踞曲曲（GIO GIO GYU`GYU` 踞曲，彎彎曲 　　　曲）。
GIOG`	钁	鋤頭。 　　钁頭（GIOG` TEUv）。
GIONG`	強	勉強。 　　強求（GIONG` KYUv）。 　　勉強焉（MIEN GIONG` NGE 有「免為其難、 　　　也不錯、差不多」之意）。
GO	豝	豬豝（ZU GO 種豬）。 　　羊豝（IONGv GO 種羊）。 　　豝貘（GO MO）：罵人不是人，而是獸類。 　　恁豝貘（AN` GO MO 這麼難纏!? 如此稀 　　　奇!?）
GO	耗	耗損、磨損、減損。 　　牛老車耗（NGYUv LO` TSA GO 牛老了,牛車 　　　也耗損了）。 　　鞋踵行耗矣（HAIv ZANG HANGv GO UEv 鞋跟 　　　磨損了）。 　　齧耗油火（NGAD^ GO YUv FO` 耗損點燈的 　　　油,喻耗損精力時間）。

71

		一枝香，耗歇矣（ID` GI HIONG GO HED` LEv 一枝香燭燒完了。） 刀也磨耗矣（DO UE` NOv GO UEv 刀子使用久了，鋼質部分磨損掉了）。
GO	篙	長竹竿。 竹篙（ZUG` GO）。
GOv	膏	膏糡（GOv GANG 糊漿糊）。 膏藥也（GOv IOG^ GE` 塗藥）。 膏壁（GOv BIAG` 以黏性物質塗抹牆壁）。
GO`	裹	1、包住、纏緊。如： 包裹（BAU GO` 包裝，包紮）。 裹傷（GO` SONG 包紮傷口）。 裹粽也（GO` ZUNG^ NGE` 包粽子）。 裹脅（GO` HIAB^ 包圍、圍困）。 2、包起來的物件。如： 包裹（BAU GO`）。 3、裹足（GO` JYUG` = BAG^ KA 縛腳〔河洛音〕： 　　a.女人纏足。b.停步不前）。 4、裹腹（GO` FUG` 吃飽，填肚子）。
GO^, KA^	較	比...更。 較高（GO^ = KA^ GO）。 較好（GO^ = KA^ HO`）。 比我較會（BI` NGAIv GO^ = KA^ UOI^ 比我更能幹）。
GOD`	刈	刈草（GOD` = NGI^ TSO` 割草）。
GOD`	覺 覚 觉 竟	「覺GOG`」的變音。 覺到（GOD` = GOG` DO`）：以為。 我覺到伊方來（NGAIv GOD` DO` Iv MOv LOIv 我以為他沒有來）。 又音 GAU^，GOG`。
GOG`	桷	屋頂承瓦的竹木方椽： 桷也（GOG` GE`）。 桁桷（HANGv GOG` 屋頂樑木及承瓦的橫木）。
GOG`	隔	用東西隔開或阻擋。 用板也隔開（YUNG BIONG NGE` GOG` KOI 用木板隔開）。
GOG^	耆	碰撞。 相耆（CIONG GOG^ 硬物相碰）。 耆到（GOG^ DO` 碰到硬物）。
GOI	頦	1、喉嚨。

	頦	蛤蟆頦（HAv MAv GOI）：喉嚨、食道、頷下肉、脖子。 頦滿肚飽（GOI MAN DU`BAU` a、形容飽足。 b、氣憤填膺。 c、悲傷抽泣）。 2、 私頦（S GOI）：私囊、私房錢。 3、 拓頦（IA`GOI a、喉嚨癢。 b、遇到困難，不易解決）。 4、 嗙頦（PANG GOI 鼓脹脖子、吹氣、生氣）。
GOI`	鋤	以鋤頭掘土。 鋤田（GOI`TIENv）。 用钁頭鋤（ YUNG^ GIOG`TEUv GOI` 以鋤頭掘土）。
GOI^	蓋	1、 由上向下遮覆。 弇蓋（GIEMv GOI^ 蓋蓋子）。 覆蓋（FUG^ GOI^ 遮蓋）。 掩蓋（IAM` GOI^ 掩蔽）。 遮蓋（ZA GOI^ 遮蔽）。 蓋被（GOI^ PI 蓋被子）。 2、 容器的封遮物。 蓋也（GOI^ IE`蓋子）。 鍋蓋（UOG^ GOI^）。 3、 建屋。 蓋瓦 （GOI^ NGA` 屋頂蓋以瓦片）。 蓋茅 （GOI^ MAUv 蓋茅草）。 4、 甚、很。 蓋好（GOI^ HO` 很好）。 蓋高（GOI^ GO 很高）。
GON	虷	虷蜌＝虬（GON PIv＝PI 在床、被、蓆中吸人血的臭蟲）。

GON	乾 干	1、沒有水分或水分少。如： 　　乾燥（GON ZAU）。 　　乾旱（GON HON 久不下雨的）。 　　乾枯（GON KU 乾燥、枯燥）。 　　乾糧（GON LIONGv 乾燥食糧）。 　　乾冰（GON BEN 固體的二氧化碳，常用在舞 　　　　　　台上為煙霧）。 　　魚乾（NGv GON 曬乾的魚）。 　　菜乾（TSOI^ GON 曬乾的蔬菜）。 　　筍乾（SUN` GON 曬乾的竹筍）。 　　蘿蔔乾（LOv PED^ GON 曬乾的蘿蔔）。 　　鹿肉乾（LUG^ NGYUG` GON）。 　　乾柴烈火（GON TSEUv LIED^ FO` 一觸即發、像 　　　　　　　搧風點火般的情慾）。 2、水分變少。如： 　　曬乾（SAI^ GON）。 　　風乾（FUNG GON 吹風使之乾燥）。 又音 KIANv。
GON`	稈	稻草。 　　禾稈（UOv GON`）：禾稻的莖，稻草。 　　稈草（GON` TSO` 稻草）。 　　堆稈（DOI GON` 將稻草堆起來）。
GONGv	晃	上固定，下擺動。 　　晃籃（GONGv LAMv 搖籃）。 　　晃槓也（GONGv GONG^ NGE` 鞦韆）。 　　晃嬰孲也（GONGv O = ONG NGAv E` 以搖籃搖 　　　　　　嬰兒）。
GONGv	管	竹管也（ZUG` GONGv NGE` 竹筒）。 　　筒管也（TONGv GONGv NGE` 罐頭空罐子）。
GONG^	搄	1、以衣袖擦鼻涕： 　　搄涕（GONG^ PI^）。 2、隆土成行： 　　搄行也（GONG^ HONGv NGE`）。
GONG^	逛	出外閒遊： 　逛街（GONG^ GIAI）。 　逛公園（GONG^ GUNG IANv）。 　逛上逛下（GONG^ SONG GONG^ HA 到處閒遊）。 又音 GUONG^。
GU	踞	蹲著。 　　踞到（GU DO`）。

GU	菇	同「菰」。菌類。如： 香菇（HIONG GU）。 草菇（TSO` GU）。 奶菇（NEN^ GU 像菇形狀的乳房）。
GU	箍	用竹篾環或鐵環套在器物外圍，使不致散開。 箍桶（GU = KIEU TUNG` 環套木桶）。 鐵箍（TIED` GU 鐵環）。 豆箍（TEU^ GU 圍以箍環擠壓成的豆餅,用以餵 豬的大豆餅）。 茶箍（TSAv GU 舊時做成箍餅狀的肥皂）。
GUv GU^ GUD^	咕	咕咕咕咕（GUv GUv GUD^ GUD^ 心中不滿、口 中嘀咕）。 咕咕鳥（GUv GU^ DIAU）：班鳩，鴿子。
GU`	牯	雄性的。 牛牯（NGYUv GU` 雄牛）。 猴牯（HEUv GU` 雄性猴子，罵男人是猴子）。 牯個母個（GU` GE^ MAv GE^ 公的母的）。
GU`	凸	1、 突出。 凸膿（GU`NUNGv 皮下有膿包）。 肚笥凸凸（DU`S`GU`GU` 肚子前挺鼓漲）。 2、 用尖物刺入。 凸不入（GU` Mv NGIB^ 刺不進去）。 凸到手（GU` DO` SU` 被尖物刺到手）。
GU`	瘀	積聚鼓脹： 瘀血（GU` HIAD`）。 瘀膿（GU` NUNGv）。
GUA`	刮	刮生（GUA` SANG 切生魚片生吃,生菜生吃）。 刮一紋（GUA` ID` FUNv 被尖利的東西刮一條 紋）。 會刮人（UOI^ GUA` NGINv 尖利的東西會刮傷 人）。
GUAD`	刮	1、 用刀平削。 刮鬚（GUAD` CI）。 2、 用橡皮或塑膠刮水器刮去玻璃或地板上的水。 刮水（GUAD` SUI`）。 3、 刮平（GUAD` PIANGv 將水泥或補土,用平直 器具刮平）。 4、 因為身體肌肉的痠痛,用手指或手背在身上、 手腳上刮。 刮痧（GUAD` SA）。 5、 風吹。 刮(颱)風落雨（GUAD` FUNG LOG^ I`）。

GUAD`	颮	颮風落雨（GUAD` FUNG LOG^ I`）。
GUAG^	叧	叧頭顧殼（GUAG^ TEUv NAv HOG` 握拳或捲指 敲頭殼）。
GUAI`	蛙	蛙類幼蟲。 蛙也（GUAI` IE` 小青蛙）。 綠蛙（LAG^ GUAI` 青蛙）。 蝦蟆綠蛙（HAv MAv LAG^ GUAI` 蝦蟆青蛙）。
GUAI`	拐	1、 騙走人的財物。 拐騙（GUAI` PIEN^ 既哄帶騙）。 拐財（GUAI` TSOIv 騙財）。 2、 哄乖孩子。 拐開（GUAI` KOI 想法哄乖孩子並帶開）。 拐去睡！（GUAI` HI^ SOI^ 哄孩子去睡）！ 3、 打眼枴（DA` NGIAN` GUAI` 相互擠眉弄眼,以 眼神示意）。
GUAI`	枴	老人或行動不便者用來支撐身體的木棍。 枴杖（GUAI` TSONG`）：杖也（TSONG` NGE`）。
GUAI^	獪	狡獪（GAU` KUAI^=GUAI^ 奸詐刁滑、不誠實、 反叛、頑皮）。
GUAN	鰥 鰥 矜	1、一種大魚，重三、四十斤，夜不閉目。 2、失妻的男人。如： 鰥夫（GUAN FU）。 鰥過（GUAN GO^ 單身漢，光棍）。 鰥寡孤獨（GUAN GUA` GU TUG^ 老而無妻叫 鰥、無夫叫寡、無子叫獨、幼兒 無父叫孤；都是困苦無靠的人）。
GUANG	桄	1、 梯子上的橫木。 橫桄也（UANGv GUANG NGE`）。 2、 桌椅中，接連腳的橫木。 桌桄（ZOG` GUANG）。 3、 蔬菜、樹木、花草、植物種植的行列，一行叫 一桄（ID` GUANG）。 間桄（GAM^ GUANG 間隔一行、一橫木）。
GUANGv	聲	耳聾。 耳聾聾（NGI` GUANGv GUANGv）。
GUANG`	莖	植物的枝梗。菜、草介於根與葉之間的部分。 蕹菜莖（UNG^ TSOI^ GUANG` 空心菜的主 幹）。 莖葉根（GUANG` IAB^ GIN）。
GUANG`	脛	小腿，從膝到腳跟部分。 腳脛（GIOG` GUANG`）。
GUANG`	梗	草木的莖枝。

		樹梗（SU^ GUANG`）。
GUEv	呱	「說、講」的不雅語。 呱冇停（GUEv MOv TINv）：說話不停。 呱麼個（GUEv MAG` GE^ 嘀咕什麼）？
GUED^	摑	用手打人。 摑衰伊 (GUED^ SOI lv 打衰他）。 扭來摑（NEU` LOIv GUED^ 抓來打）。
GUED^	喎	說話、講： 會喎（UOI^ GUED^ 很會說話）。 喎冇停（GUED^ MOv TINv 說話不停）。 呱呱喎喎（GUEv GUEv GUED^ GUED^ 嘀咕、埋 怨、嘮叨）。
GUEN^	狺	狗被打的叫聲。 狺狺滾（GUEN^ GUEN^ GUN`）。
GUG`	喎	絞緊。 索也盡喎（SOG` GE` CHIN^ GUG` 繩索絞得很 緊）。 嘴喎 ( ZOI^ GUG` 說話不饒人，嘴硬頂撞人)。
GUG^	汨	消滅阻塞，以壓力將塞住不通的水管或涵洞擠通。 汨出來 (GUG^ TSUD` LOIv 將塞在管中的東西 擠壓出來）。
GUI`	宄	姦宄（GIAN GUI`）：盜賊的通稱，盜賊從內起 的叫姦，從外起的叫宄。
GUN`	丨	1、上下貫通。 2、數碼的一。 3、一豎。
GUNG	蚣	多節多腳的蟲、蟻、蝦。 蜈蚣蟲(NGv GUNG TSUNGv 有扁平環節 22 節的 多足爬蟲）。 蟻蚣（NGIE^ GUNG 螞蟻）。 蝦蚣（HAv GUNG 蝦）。
GUNGv GUNG^	轟	低沉聲音、轟隆聲音。 轟轟轟轟（GUNGv GUNGv GUNG^ GUNG^）。
GUNG^	凸	1、由內往外鼓起。 凸膿（GUNG^ NUNGv 鼓起膿包）。 凸甲（GUNG^ GAB` 指甲、趾甲內鼓起膿 包）。 2、凸窿（GUNG^ LUNGv 地鼠、蟋蟀等在泥土中 鑽地洞）。
GYU	縮	〔河洛音〕縮短、縮小、捲縮。 縮水（GYU SUI` 浸水後縮短了）。

		縮于一團（GYU UA^ ID` TONv 縮成一團）。
GYU`	曲	彎曲。 踡踡曲曲（GIO GIO GYU` GYU` 彎彎曲曲）。
GYU`	韭	韭菜（GYU` TSOI^）：葉扁長，味辛辣的蔬菜。俗稱 蒯菜（KUAI^ TSOI^）。 蔥蒜韭（TSUNG SON^ GYU` 三種同類辛辣的蔬菜）。 "韮"是"韭"的俗字。
GYU^	疚	1、 長久的病。 2、 心中難過： 　　內疚（NUI^ GYU^）。 　　負疚（FU^ GYU^）。 　　歉疚（KIAM^ GYU^）。
GYU^	咎	1、 罪過： 　　咎由自取（GYU^ YUv TS^ CHI` 自己惹來的災 　　　　禍）。 　　咎有應得（GYU^ YU IN^ DED` 罪有應得）。 2、 責怪： 　　既往不咎（GI^ UONG BUD` GYU^ 不責怪過去的 　　　　錯誤）。 3、 凶災： 　　休咎（HYU GYU^ 吉凶）。
GYUG`	逐	逐到（GYUG` DO` 追到）。 逐走（GYUG` ZEU` 趕走）。
GYUG`	焗	焗酒（GYUG` JIU` 釀酒）。
GYUG`	趜	積心，偽裝，趕時髦： 　　趜心（GYUG` CIM 鬱心）。 　　趜屎（GYUG` S`）：高傲、不理睬人、屎急。 　　趜款（GYUG` KUAN` 妝扮，趕時髦）。 　　趜猴屎（GYUG` HEUv S` 趕時髦）。
GYUN	皸 皴	手足外皮受冷而裂開： 　　皸裂（GYUN LIED^）。
GYUN	龜	龜裂（GYUN LIED^ 手足外皮受冷而裂開，田地 久旱缺水而裂開）。
GYUNG`	拱	1、 聳起、彎曲。如： 　　拱背（GYUNG` BOI^ 駝背）。 　　背拱拱（BOI^ GYUNG` GYUNG` 背部隆起）。 2、 弧形建築。如： 　　拱門（GYUNG` MUNv）。 　　拱橋（GYUNG` KIEUv）。 3、 環繞、雙手合圍。如： 　　拱衛（GYUNG` WI^ 擁護保衛）。 　　拱腰（GYUNG` IEU 環抱）。
GYUNG^	穹	擴張生門分娩，生孩子，從穹蒼賞賜給人孩子。

	娩	穹=娩人（GYUNG^ NGINv 人分娩，生孩子）。 穹(娩)贊 = 賴也（GYUNG^ LAI^ IE` 生男嬰）。 穹(娩)妹也（GYUNG^ MOI^ IE` 生女嬰）。
HA	下	下車（HA TSA）。 下庄（HA ZONG 位於低處或後邊的村莊）。 下背（HA BOI^ 下面、底下）。 下頭（HA TEUv 下端）。 山下（SAN HA 山腳下）。 上下（SONG HA 上去下來，爬上爬下）。
HA`	卸 下	1、 解除,卸下。 卸=下貨（HA`FO^ 卸下貨物）。 卸=下不落（HA`Mv LOD` 解不開）。 2、 脫去。 卸=下帽也（HA`MO^ UE` 脫帽子）。 卸=下花（HA`FA 取下花冠）。
HA^	哈	哈啾（HA^ CHIU^ 打噴嚏）。
HAB`	哮	1、 被刺激性氣體嗆到： 哮到（HAB`DO` 被氣體嗆到）。 會哮人（UOI^ HAB`NGINv 氣體會嗆人）。 2、 發哮（BOD`HAB`）：喘息症、氣喘病。
HAB`	殼	「外殼」、殼（HOG`）的變音。 竹殼（ZUG`HAB` 包竹筍的外殼）。 菜殼（TSOI^ HAB` 菜葉一片）。 剝殼（BOG`HAB` 將菜葉、甘蔗葉、竹筍殼， 　　　　從主幹一片一片剝下）。
HAB^	狹	不寬闊、窄。 狹窄（HAB^ ZAG` 不寬闊）。 狹小（HAB^ SEU` 不寬廣）。 狹橋（HAB^ KIEUv）。 狹路（HAB^ LU^）。 狹門（HAB^ MUNv 窄門）。
HAD^	核	〔河洛音「牽核 KAN HAD^ 淋巴腺腫」〕 牽核（KIAN HAD^）：有了淋巴腺腫核。
HAG^	核	核也（HAG^ GE` 睪丸）。 核卵（HAG^ LON` 睪丸）。 牛核卵（NGYUv HAG^ LON` 牛睪丸,大睪丸）。 擐大核（KUAN^ TAI^ HAG^ 疝氣,脫腸）。
HAI`	蟹	老蟹（LO^ HAI`：甲殼節足水生動物，有八足二 　　　　螯，橫走,肉味鮮美）。 螃蟹（PONGv HAI`）。
HAI^	懈	鬆馳、不緊張。

79

		懶怠（HAI^ TAI^ 疏懶）。
HAM	憨	逞強、不自量力。 憨憨（HAM HAM）。
HAM	蚶	蚶也（HAM ME`）：蚌類、硬殼，肉味鮮美。 蚶殼也（HAM HOG` GE`）：貝殼。
HAMv HEMv	唅 含 銜	用口含。 唅=含=銜水（HAMv SUI`）。 唅=含=銜泥（HAMv NAIv）。 唅=含=銜草（HAMv TSO`）。 唅=銜=含煙筒（HAMv IAN TUNGv 叼菸斗）。
HANv	還	仍舊。 還好（HANv HO`）。 還生（HANv SANG 還活著）。 還未來（HANv MANGv LOIv 還沒來）。
HAN`	蜆	1、蜆也（HAN` NE`）：河蜆。 2、蜆蜆（HAN` HAN` 女人不正經，賣弄風 　　情）。
HANG	烘	1、用火氣取暖或用燻、烤、焙使物品乾燥或使 　　食物熟透。 烘燥（HANG ZAU 燻乾）。 烘焙麵包（HANG POI^ MIEN^ BAU）。 烘衫褲（HANG SAM FU^ 燻乾衣服）。 烘魚烘肉（HANG NGv HANG NGYUG` 烤魚烤 　　　　　　肉）。 2、體溫稍高。如： 肉烘烘（NGYUG` HANG HANG 體溫略高）。 讀音 FUNG
HAM^ HEM	喊	1、大聲呼叫。 呼喊（FU HAM^=HEM）。 喊不醒（HAM^=HEM Mv CIANG` 叫不醒）。 喊伊來！（HAM^=HEM Iv LOIv 叫他來）！ 2、申訴。 喊冤（HAM^=HEM IAN 呼喊冤枉）。 3、稱呼、打招呼、叫： 喊阿叔（HEM A SUG` 叫叔叔）。 有喊我（MOv HEM NGAIv 沒叫我）？！
HAM^	撼	1、搖動： 搖撼（IEUv HAM^）。 震撼天地（ZN` HAM^ TIEN TI^）。 2、慫恿。
HAM^	憾	1、恨。如： 遺憾（WIv HAM^ 遺恨、不滿意）。 2、不滿意。如：

		缺憾（KIAD` HAM^）。 3、 不快樂。如： 　　憾事（HAM^ S^）。
HANGv	桁	屋梁上承受瓦的橫木、橫竹或圓木稱為： 　　桁也（HANGv NGE`）。 　　桁梮（HANGv GOG`屋頂樑木及承瓦的橫木）。
HAU HAM	脖	腿水。 　　面脖脖（MIAN^ HAM HAM = HAU HAU 臉 　　　　腫）。
HAU	吼	吼喝（HAU HOD` 大聲喝罵）。
HE	誹	當面以言語侮辱、揭發醜行。 　　當面誹伊（DONG MIEN^ HE Iv 當面言語侮 　　　　辱）。 　　分人誹矣（BUN NGINv HE Ev 被言語侮辱 　　　　了）。
HE	浩	浩洪斗雨（HE FUNGv DEU`I`）：大雨滂沱。
HE`	下	〔河洛音：下落 HEv LO^〕 　　冇下冇落（MOv HE` MOv LOG^　交待去做的 　　　　事，沒有下文，對事漠不關心）。
HEB`, HIB`	翕	使不透氣。 　　翕死（HEB` = HIB` CI` 窒息而死）。
HEB^	嚇	被嚇心跳。 　　心嚇嚇滾（CIM HEB^ HEB^ GUN`）。
HED`	歇	接在動詞之後表示完結、停止、已經過去之意。 　　食歇（SD^ HED` 吃完）。 　　看歇（KON^ HED`看完）。 　　歇矣（HED` LEv 結束了, 完了）。 　　做歇矣（ZO^ HED` LEv 做完了）。
HED^	歇	1、 居住。 　　歇屋（HED^ UG` 住屋）。 　　稅屋歇（SOI^ UG` HED^ 租屋居住）。 2、 穩住、止住。 　　血擋歇矣（HIAD` DONG` HED^ LEv）：血止住 　　　　了。 　　紙貼歇矣（Z` DIAB` HED^ LEv）：紙貼緊 　　　　了。 　　水(血)斷歇矣（SUI`（HIAD`）DON` HED^ LEv 流 　　　　水或流血止住了）。
HEMv	唧 含	用口含。 　　唧=含=銜水（HEMv SUI`）。 　　唧=含=銜泥（HEMv NAIv）。

81

	啣	啣=含=啣草（HEMv TSO`）。 啣=啣=含煙筒（HEMv IAN TUNGv 叼菸斗）。
HEM^	焓	熱、燙。 焓燒（HEM^ SEU 很燙）。
HEM^	悻	悻悻（HEM^ HEM^）：發怒的樣子。 悻悻滾（HEM^ HEM^ GUN 盛怒大聲罵人）。
HEN	辛	如薄荷油、萬金油、風涼油等的辛辣氣味。 辛味（HEN MI^）。 辛辛（HEN HEN 氣味辛辣）。
HENv	行	行李（HENv LI`）。
HENv	緊	綁緊,鎖緊,穩住。 紮緊（TAG` HENv 綁緊,紮緊）。 挽緊（BANG HENv 拉緊）。 坐緊（TSO HENv 坐穩）。 釘緊（DANG HENv 釘緊）。
HEN`	肯	願意。 肯去（HEN` HI^）。 肯放（HEN` BIONG^ 願意放開）。 不肯（Mv HEN`）。
HEN^	行	品行（PIN` HEN^）。 操行（TSAU HEN^）。
HEU	後	後日（HEU NGID` 後天）。 後年（HEU NGIANv）。
HEU`	口	一口飯（ID` HEU` FAN^）。 一口井（ID` HEU` JIANG`）。 一口鑊(鍋)也（ID` HEU` UOG^ GE` 一個鍋子）。
HI^	酗	酗酒（HI^ JIU` 飲酒過多而行為失常)。
HIA	開	張開,分散。嘴唇合不攏,外張： 開開（HIA KOI 張開）。 嘴開開（ZOI^ HIA HIA）：嘴唇外開。
HIA^	開	開裂也 ,五指張開,孔雀羽尾開屏。 手指開開來（SU` Z` HIA^ KOI LOIv）。
HIA^	灑	灑水（HIA^ = SA` SUI` 以手掌手指散水)。
HIAB`	脅	人體肩下胸旁的腋下,稱為 脅下（HIAB` HA）。
HIAB`	蓄	1、 儲蓄。 蓄錢（HIAB` CHIENv 存錢．儲蓄）。 蓄私頦（HIAB` S GOI 存私房錢）。 2、 深藏。 蓄毒（HIAB` TUG^ 蓄藏毒意）。

82

		蓄仇恨（HIAB`SUv HEN^ 蓄存仇恨）。
HIAB^	蓄	計較。 子嫂會蓄（Z` SO` UOI^ HIAB^ 妯娌會計較）。 蓄伊不去做事（HIAB^ Iv Mv HI^ ZO^ SE^ 計較他不去工作）。
HIAD`	歇	住宿。 歇夜（HIAD` IA^ 住宿一夜）。 歇宿（HIAD` CYUG`短暫住宿）。 歇一暗晡（HIAD` ID` AM^ 住宿一夜）。 休息。 歇睏（HIAD` KUN^）。
HIAG`	卻	耳朵豎起如兔。 耳卻卻（NGI` HIAG` HIAG`）。
HIAG`	劇	動物激情： 起劇（HI` HIAG` 開始激情）。 牛作劇（NGYUv ZOG` HIAG` 牛激情）。
HIAM	醶	尿的嗆味。 臭尿醶（TSU^ NGIAU^ HIAM 尿嗆味）。
HIAN	掀	1、揭開。 掀開（HIAN＝IAN KOI）。 掀書（HIAN＝IAN SU 翻開書）。 2、翻騰 掀起大浪（HIAN＝IAN HI` TAI^ LONG^）。 3、摑。「掌打」的另一種說法。 掀一巴掌（HIAN ID` BA ZONG`）。
HIANv	旋	旋旋風（HIANv HIANv FUNG 突如其來）。
HIAN`	蟺	蟺蚣（HIAN` GUNG 蚯蚓）。
HIAN^	羶	臭羶（TSU^ HIAN^ 羊臊味,異味）。
HIAU`	曉	破曉（PO^ HIAU` 天亮）。 天曉（TIEN HIAU` 天亮）。 知曉（DI HIAU` 知道）。 曉得（HIAU` DED` 會。會做,知曉）。 不曉得（Mv HIAU` DED` 不會做,不知道）。
HIB`	攝	攝相（HIB`CIONG^ 照相）
HIB`	翕	1、不透氣。 翕死（HIB` CI` 窒息而死）。 2、欺負人。 翕人（HIB` NGINv）。
HIEU	狡	詭詐。

83

		狡人（HIEU NGINv 以不正當手段騙人）。
HIEU	傲	傲倖（HIEU HEN^ 僥倖）。
HIEUv	嬈	女人不正經。 蓋嬈（GOI^ HIEUv 很風騷）。
HIEU^	翹	翹卻（HIEU^ HIOG` 木板乾燥後,翹起不平）。
HIM^	興	高興（GO HIM^）。 興趣（HIM^ CHI^）。 興烙烙到（HIM^ LOD^ LOD^ DO` 熱烙於、興 沖沖地）。
HINv	暈 昏	頭暈。 暈=昏車（HINv TSA 因車行而眩暈嘔吐）。 暈=昏船（HINv SONv 因船行而眩暈嘔吐）。 頭顱暈暈=昏昏（TEUv NAv HINv HINv 頭暈暈 的）。
HIN`	反	反骨（HIN` GUD`）：喻為女人不守婦道。
HIO	靴	長筒的鞋。 長靴（TSONGv HIO）。
HIO`	斜 歪 喎	斜斜(喎喎)(歪歪)（HIO` HIO` 歪斜不正的）。 肩胛斜(喎)(歪)一片（GIEN GAB` HIO` ID` PIEN` 肩 膀歪一邊）。
HIO^	聯	耳聯聯（NGI` HIO^ HIO^ 說話不聽,如同沒聽 見）。 聯一巴掌（HIO^ ID` BA ZONG` 摑以巴掌）。
HIOG`	卻	摑以巴掌，木板不平、翹起。 卻一巴掌（HIOG` ID` BA ZONG` 摑以巴掌）。 板也卻卻（BIONG NGE` HIOG` HIOG` 木板過於乾 燥而不平）。
HO	蒿	茼蒿菜（TUNGv HO TSOI^）：俗稱「艾菜 NGIE^ TSOI^」。
HO	熇	日曬。 熇日頭（HO NGID` TEUv）：在大太陽底下曬。
HO HO^	耗	1、消磨： 消耗（SEU HO=HO^）。 耗費（HO=HO^ FI^ 消費）。 2、磨損： 耗損（HO=HO^ SUN`）。 耗喪（HO=HO^ SONG` 耗損浪費）。
HOv	笱	笱也（HOv UE` 捕魚用、能進不能出的竹籠）。 黃鱔笱（UONGv SAN HOv 捕鱔魚的竹籠）。 蝦蚣笱（HAv GUNG HOv 捕蝦的竹籠子）。

84

HO^	熇	蒸氣燙熱。 熇到手（HO^ DO` SU` 被蒸氣炙燙到手）。 熇燒來（HO^ SEU LOIv）：蒸熱它。 會熇人（UOI^ HO^ NGINv）：蒸汽會衝燙人。
HOD`	渴	口乾、想喝水。 肚渴（DU` HOD`）：口渴。 口渴（KIEU` HOD`）。 嘴渴（ZOI^ HOD` 口渴）。 又飢又渴（YU^ GI YU^ HOD`）。
HOD`	喝	喝人（HOD` NGINv 大聲吼人）。 喝狗（HOD` GIEU` 叱喝人如叱喝狗）。 大聲喝（TAI^ SANG HOD` 大聲吼）。 喝采（HOD` TSAI` 大聲叫好）。 恐喝（KYUNG` HOD` 威嚇）。 威喝（WI HOD` 威脅恐嚇）。
HOD^	涸	喘急而口乾。 走于恁涸（ZEU` UA^ AN` HOD^ 跑得這麼喘、這麼乾渴）。 涸涸不好食水（HOD^ HOD^ Mv HO` SD^ SUI` 氣急乾渴時不可喝水）。
HOG`	熇	熇蝦蚣（HOG` HAv GUNG 焙蝦子）。 熇魚乾（HOG` NG GON 焙魚使乾燥）。
HOIv	頦	頦鰓（HOIv SOI 魚鰓或人的下巴）。
HON	放	放水（HON SUI` 把水池的水放掉或放入水池，大量放水）。
HONv	寒	背寒寒到（BOI^ HONv HONv DO` 駝背貌）。
HON^	銲 釬 焊	鎔接金屬。 銲接（HON^ JIAB`）。 銲錫（HON^ CIAG` 以錫焊接亞鉛皮管、桶）。 電焊（TIEN^ HON^ 以電熱焊接）。
HONG	夯	盡(蓋)夯（CHIN^＝GOI^ HONG 很盛行,很搶眼）。 夯漢（HONG HON^ 力強男人）。 擔夯（DAM HONG 用力舉物,肩挑）。
HONG	糠	穀粒去殼後,成為糙米,糙米磨成白米,就要磨去米面的黃皮,這黃皮就是糠（HONG）。
HONG`	糠	食物像米糠一樣乾澀,難下嚥。 糠糠個糕也（HONG`HONG` GE^ GAU UE`）：乾澀而難下嚥的糕餅。

HONG^	項	1、 頸項。 項鍊（HONG^ LIEN^ 掛在頸項上的鍊子）。 2、 項頸升離原位、升離水面；起身。 項起來（HONG^ HI` LOIv 頸項升離原位起來， 　　　　　　　站起或坐起來；從水中、坐凳、床上 　　　　　　　起來）。 項床（HONG^ TSONGv 頸項升離床位起來，起 　　　　　床）。 項凳（HONG^ DEN^ 頸項升離坐凳，從坐凳站立 　　　　　起來）。
HONG^	上	在上面或在裏面。 頂上（DANG` HONG^）。 桌上（ZOG` HONG^）。 書上（SU HONG^）。 在書包上（TSOI SU BAU HONG^ 在書包中）。
HONG^	轟	轟轟滾（HONG^ HONG^ GUN` 蚊蠅振翼飛翔之 　　聲）。
HYU`	朽	朽味（HYU` MI^）：死屍的臭味、惡臭。
HYUG`	畜	1、 飼養牲畜。 畜牧（HYUG` MUG^）。 畜雞畜鴨（HYUG` GIE HYUG` AB` 養雞養鴨）。 2、 養育兒女。 畜大細（HYUG` TA^ SE^ 養育兒女）。 畜衰人（HYUG` SOI NGINv 養育他真倒楣！）
Iv	伊	他、她。 伊同我（Iv TUNGv NGAIv 她和我）。 伊乃書（Iv IA SU 他的書）。 喊伊（HEM Iv 喊叫他）。 分伊（BUN Iv 給他）。 伊等（Iv DEN`= DEN = IEN 他們）。 伊等個（Iv IEN = DEN`= DEN GE^他們的）。
I`	乳	人或動物的奶汁。 哺乳（BU` I` 餵奶）。 母乳（MU I` 母親的奶汁）。 乳兒（I` Iv 嬰兒）。 乳名（I` MIANGv 小兒初生時所取的名字）。 乳房（I` FONGv 人獸胸部存乳的器官：奶菇 　　　　　NEN^ GU）。 乳牛（I` NGYUv 供應牛奶的牛）。 牛乳（NGYUv I` 牛奶）。 豆腐乳（TEU^ FU^ I` 醃製鹹漬的豆腐）。

IA	乃	他（她）的。 乃哥（IA GO 他的哥哥）。 伊乃爸（Iv IA BA 他的父親）。
IA	揶	拜揶（BAI^ IA 手拿香火或雙手合十拜鬼神）。 酻揶（TSONG^ IA 以酒或香火祭拜鬼神）。 「酻」是祭拜鬼神的香、酒。
IA`	這 这	此。近指，與遠指的「該 GE^」相對。如： 這個該個（IA` GE^ GE^ GE^ 這個那個）。 這裏該裏（IA` LE GE^ LE` 這裡那裡）。 這片該片（IA` PIEN` GE^ PIEN` 這邊那邊）。 這頭該頭（IA` TEUv GE^ TEUv 這端那端、這 　　　一頭那一頭）。 這兜該兜（IA` DEU GE^ DEU 這些那些）。 這擺（IA` BAI` 這次）。 這滿（IA` MAN 這次）。
IA`	把	手掌抓握，五指合抓。 一把米（ID` IA` MI` 一把米）。
IA^	抑	或者，抑或。 抑係（IA^ HE^ 或是）。 去抑不去（HI^ IA^ Mv HI^ 去或不去）？ 係抑不係（HE^ IA^ Mv HE^ 是或不是）？
IAB`	醃	鹽、汗、灰傷及眼睛或皮膚。 汗醃人（HON^ IAB` NGINv）。
IAB`	凹	球、輪胎泄氣。 凹歇矣（IAB` HED` LEv 洩氣了）。 凹凹（IAB` IAB` 氣不足、軟扁扁地）。
IAB`	扱	扱衫袖（IAB` SAM CHIU^ 倒捲衣袖，又音扱 　　　NGIAB`」）。 扱扱避避（IAB` IAB` BIANG^ BIANG^ 怕人發現， 　　　　　　掩蔽藏匿）。 避避扱扱（BIANG^ BIANG^ IAB` IAB` 躲躲藏 　　　藏）。
IAB`	瘖	聲音啞：。 　　瘖聲（IAB` SANG）。 讀音 IM。
IAD`	挖 揭	挖＝揭井（IAD` JIANG`）。 揭空（IAD` KANG 挖洞，或揭人短處）。 挖＝揭石頭（IAD` SAG^ TEUv 挖石頭）。
IAD^	拽	搖動。 拽不動（IAD^ Mv TUNG 不動搖）。 搖拽（IEUv IAD^ 搖晃不定）。
IAD^	曳	牽引、搖動、搖撼。

87

		搖曳（IEUv IAD^ 飄揚,搖晃不定）。 曳不動（IAD^ Mv TUNG 搖不動）。 搖搖曳曳（IEUv IEUv IAD^ IAD^ 搬動不停）。
IAG^	曳	搖動,招手。 　曳伊過來（IAG^ Iv GO^ LOIv 搖手叫他過 　　　　來）。 　曳旗也（IAG^ KIv IE` 搖旗子）。
IAI	搖	搖動固定樁或推動重物。 　搖不動（IAI Mv TUNG）。
IAM	閹	閹割（IAM GOD` 割除雄性動物的睪丸）。 　閹豬也（IAM ZU UE` 割除公豬的睪丸）。 　閹雞也（IAM GIE E` 割除雄雞的睪丸）。
IAM	醃	用鹽浸漬食物或生吃。 　醃生（IAM SANG）。
IAMv	焰	火焰蟲（FO` IAMv TSUNGv 螢火蟲）。
IAMv	簷 檐	1、屋頂伸出牆壁邊沿的部分稱為 　屋簷（UG` IAMv）。又稱： 　簷頭（IAMv TEUv 屋簷）。 　瓦簷（NGA` IAMv 屋簷）。 　簷溜（IAMv LIU 屋簷滴下的雨水）。 2、覆蓋物伸出的邊沿。 　帽簷（MO^ IAMv 帽子覆蓋頭頂之外的邊 　　　沿）。
IAM`	膁	膁腎（IAM` SUN^ 腎臟）。
IAM`	掩	掩護（IAM` FU^ 庇護）。 　遮掩（ZA IAM` 遮擋）。 　掩埋（IAM` MAIv 埋在地下）。
IAM^	揪	1、上下抖動。 　揪揪動（IAM^ IAM^ TUNG 行車或彈簧床上的 　　　　彈動感覺）。 　揪頭（IAM^ TEUv 行車或彈簧床上的抖動感 　　　覺）。 　揪腳（IAM^ GIOG` 抖動腳）。 2、撒粉。 　揪胡椒（IAM^ FUv ZEU 撒放胡椒）。 　揪熱痱粉（IAM^ NGIAD^ BI^ FUN` 撒痱子 　　　　　粉）。
IAN	掀	掀開、翻開。 　掀被（IAN PI 掀開棉被）。 　掀開來看（IAN KOI LOIv KON^）。 　我彈琴,你掀譜（NGAIv TANv KIMv, Nv IAN

IANv	芫	芫荽（IANv SUI）：一種葉莖頭都有香味的結頭香菜。 芫絲＝荽也（IANv CI IE` 就是芫荽）：香菜。
IANG	縈	縈線（IANG CIEN^ 縈繞纏線）。 縈上縈下（IANG SONG IANG HA 到處閒逛）。
IANGv	贏 贏	1、有餘。 　　贏餘（IANGv Iv）。 　　贏利（IANGv LI^）。 2、勝利。如： 　　贏矣（IANGv NGEv 勝利了）。 　　輸贏（SU IANGv）。
IANG^	印	痕跡。 　　腳印（GIOG`IANG^）。 　　刀印（DO IANG^ 刀痕）。
IAU	枵	空虛，饑餓(河洛音)。 　　枵腹（IAU FUG` 餓肚子）。 　　肚枵（DU` IAU 肚子餓）。
IAU`	爪	1、被爪抓傷或劃傷。 　　爪人（IAU` NGINv 動物爪子抓傷人）。 　　爪到手（IAU`DO` SU` 抓傷了手）。 2、動物的爪子，人的手腳指。 　　雞爪（GIE IAU`）。 　　貓爪（MEU^ IAU`）。 　　加爪（GA IAU`）：多一手指或腳趾。
ID^	翼	1、鳥類的翅膀。 　　翼胛（ID^ GAB` 翅膀）。 　　鵰翼（DIAU ID^ 鳥翅膀）。 　　雞翼胛（GIE ID^ GAB` 雞翅膀）。 2、像翅膀的東西。 　　機翼（GI ID^ 飛機翅膀）。
IE	擁	"擁YUNG`"的變音，一群人或動物成堆擠來擁去。 　　擁來擁去（IE LOIv IE HI^）。
IEv	洟	粘滑、垂涎。 　　洟口涎（IEv HEU` LAN 流口水）。 　　洟洟（IEv IEv 黏滑的感覺）。 　　洟漦（IEv CIAUv 使人生氣，不爽）。
IE`	弛	肚肥下垂 　　肚弛弛（DU` IE` IE` 肚皮鬆弛下垂）。
IE^	掖	一掖禾（ID` IE^ UOv 一人所播種五行的稻秧）。

89

		禾扱（UOv IE^　成行的禾稻）。
IE^	撒	散放，散布。 撒灰（IE^ FOI）。 撒穀種（IE^ GUG` ZUNG`）。 撒肥料（IE^ PIv LIAU^）。
IEN	等	他們、她們（必須接在「伊」之後）。 伊等（Iv IEN 他們，她們，牠們）。
IEU	夭 殀	夭=殀折（IEU ZAD` 早死）。 夭=殀壽（IEU SU^＝IAU CIUv 不長壽、短命）。
IEU，IEU`	淖	軟版、膠體未硬，不結實。 淖淖（IEU IEU＝IEU` IEU`）。
IEU`	舀 抌	用瓢勺、湯匙等取液體。 舀=抌水（IEU` SUI`）。 舀=抌湯（IEU` TONG）。 舀=抌尿（IEU` NGIAU^）。
IEU^	鷂	鷂鷹（IEU^ IN 一種捕食小雞、小動物的凶猛的大鳥）。 鷂婆（IEU^ POv 同上）。 鷂角也（IEU^ GOG` GE` 較小的鷂婆）。 紙鷂（Z` IEU^）：風箏。
IM	姻	婚姻（FUN IM 男女結婚）。 姻緣（IM IANv 男女婚配的緣分）。
IM^	蔭 荫	1、樹下的陰影。 樹蔭（SU^ IM^）。 濃蔭（NUNGv IM^）。 2、保護、保庇。 庇蔭（BI^ IM^）。 3、不見日光。 蔭豆豉（IM^ TEU^ S^ 蔭漬豆豉）。 蔭豆菜（IM^ TEU^ TSOI^ 蔭發豆芽）。
IN^	岭	山崗。 岭岡（IN^ GONG）。 半山岭（BAN^ SAN IN^ 半山腰，小山）。
IOG`	噁	反胃、吐。 噁奶（IOG` NEN^）：吐出奶水。 噁酸（IOG` SON）：吐出酸汁。
IOG^	浴	浴堂（IOG^ TONGv 浴室）。 搵浴（UN^ IOG^ 浸浴）。
IONG^	樣	陪伴。 樣陣（IONG^ TSN^ 作伴）。

JI	吱	眼睛張不開。 目珠眨吱（MUG` ZU JIAB^ JI）。
JI^	抓	搔人癢處。 畏抓（WI^ JI^ 怕被搔到癢處）。
JI^	棲	棲息所在： 雞棲（GIE JI^ 雞寮、雞寶）。
JI^	漬	染、吸： 漬水（JI^ SUI 以紙或布吸取水分）。 漬到衫褲（JI^ DO` SAM FU^ 油漬或顏料染到 衣服）。 油漬漬到（YUv JI^ JI^ DO` 多油滲出貌）。
JIA	斜	屋也斜斜（UG` GE` JIA JIA 屋子歪斜）。
JIA`	妻 姐	妻=姐也（JIA` E` 妻子），或 妻=姐婆（JIA` POv 妻子或稱妻的母親）。 討妻=姐也（TO`JIA` E` 娶妻）。
JIAB^	輒	經常，每每。 輒常（JIAB^ SONGv 常常）。 輒來（JIAB^ LOIv 常來）。 輒輒（JIAB^ JIAB^ 常常）。
JIAM	擠 尖	擠緊。同「尖 JIAM」。 擠=尖緊（JIAM HENv 擠緊）。 盡擠=尖（CHIN^ JIAM 很擠）。 擠=尖燒（JIAM SEU 擠進人群中湊熱鬧）。 擠=尖上車（JIAM SONG TSA）。 擠=尖麻油（JIAM MAv YUv 擠榨麻油）。
JIAM`	蘸 沾	蘸=沾鹽（JIAM` IAMv 沾鹽）。 蘸=沾糖（JIAM` TONGv 蘸糖）。 蘸=沾豆油（JIAM` TEU^ YUv 沾醬油）。 蘸=沾墨汁（JIAM` MED^ ZB` 以筆蘸墨）。 餈粑也蘸=沾麻也（CHIv BA E` JIAM` MAv E` 粢粑沾芝麻）。
JIAM^ ZAM^	佔	強力取得、據為己有。 霸佔（BA^ JIAM^ = ZAM^）。 強佔（KIONGv JIAM^ = ZAM^）。 佔位也（JIAM^ =ZAM^ WI^ IE` 佔位子）。
JIAM^	僭 僣	過分、超越權限： 僭越（JIAM^ IAD^ 超越）。 僭權（JIAM^ KIANv 越權）。
JIANG	靚	美。靚醜（JIANG TSU` 美醜）。 恁靚（AN` JIANG 這麼美）。
JIANG	腱	腱豬肉（JIANG ZU NGYUG` 無油瘦豬肉）。

JIANG`	剪	剪拳（JIANG` GIN` [從日語ジャンケンポン（剪、拳、布 = 包）- JIANG` GIN` BU^(BAU) 而來的簡略語，就是剪刀、拳 = 石頭、布 -“猜拳”]。
JIANG^	傾	倒傾（DO^ JIANG^ 腳在上，頭在下，倒頭過來）。 傾菜（JIANG^ TSOI^ 擠在瓶中的鹹菜，倒放使乾）。 傾鹹菜（JIANG^ HAMv TSOI^ 鹹芥菜擠在瓶中，倒放使乾）。 傾轉來（JIANG^ ZON` LOIv 倒放過來）。
JIB^	咂	咂嘴（JIB^ ZOI^ 接吻或吃食聲，也比喻工作機會落空或錢用完了，只有弄響嘴唇像有東西吃）。 咂蜆也（JIB^ HAN` NE` 吸食河蜆的肉和汁）。 誒咂（E` JIB^ 埃及，Egypt 的客話譯音）。
JID`	擠	用木棍擠壓。 擠入去（JID` NGIB^ HI^）。 擠分伊緊（JID` BUN Iv HENv 把它擠緊）。 擠看哪（JID`KON^ NA^ 擠壓看看、以棍探索看看）。
JID^	絕	盡了、停了、斷了。 水絕歇矣（SUI` JID^ HED` LEv 水斷了）。
JID^	唧	腳在泥濘中踩踏或踩踏膠體所發出的聲音。 唧唧嚼嚼（JID^ JID^ JIOG^ JIOG^ ）。
JIED`	截	1、 段。 上半截（SONG^ BAN^ JIED`）。 兩截（LIONG` JIED` 兩段）。 斷截（TON JIED` 斷成兩半，斷成好幾截）。 2、 割斷。 截斷（JIED` TON 切斷）。 截肢（JIED` GI 截斷手腳）。
JIED^	擲	投擲。 擲石頭（JIED^ SAG^ TEUv）。 相擲（CIONG JIED^）： 互擲、用球或石頭互擲。
JIEN^	餞	1、 以酒食送行。 餞別（JIEN^ PED^）。 2、 以蜜糖浸漬或煎熬果品。 餞糖（JIEN^ TONGv）。 蜜餞（MED^ JIEN^ 以蜜糖浸漬或煎熬的果

		品）。
JIEN^	勁	勁腳（JIEN^ GIOG` 腳出力蹬；竭力蹬腳）。 勁力（JIEN^ LID^ 用力、出力蹬）。
JIM	唚	親嘴、接吻。 相唚（CIONG JIM）。 唚嘴（JIM ZOI^）。
JIO	擠	人或動物擠縮一起。 擠于一堆（JIO UA^ ID`DOI）：擠成一堆。 擠上擠下（JIO SONG JIO HA）：擠來擠去。
JIO` JIA	斜	斜斜（JIO` JIO`）：歪歪的、不端正。 斜一片（JIO` ID`PIEN`）：斜向一邊。 斜走矣（JIO` ZEU` UEv 偏走了,歪斜了）。
JIOD^ ZOD^	喫	用力吸吮。 喫田螺（JIOD^=ZOD^ TIENv LOv 切去尖尾的田 　螺,煮熟之後,用嘴在田螺開口處用 　力吸吮,以吸出螺肉）。 喫不出來（JIOD^=ZOD^ Mv TSUD`LOIv 吸不出 　來）。
JIOG^	淖	淖泥（JIOG^ NAIv 腳在泥水中踩踏）。 淖淖滾（JIOG^ JIOG^ GUN` 在泥中踩踏的聲音 　或感覺）。 唧唧淖淖（JID^ JID^ JIOG^ JIOG^ 在泥中踩踏的 　聲音）。
JIONG	爝	爝(JIOG`)的變音。 冇火冇爝（MOv FO` MOv JIONG 沒有燈光照 　耀,黑烏天暗）。
JIU	朱 啾	朱=啾紅（JIU FUNGv 很紅、非常的紅）。
JIU`	糾	糾螺風（JIU`LOv FUNG）：旋螺風、龍卷風。 扭糾（NGYU` JIU` 很難纏。難應付,這也不好, 　那也不好）。
JYUG`	足	足相（JYUG` CIONG^ 不近人情,繃著臉待人,待 　　　　人苛刻的人).。 滴足（DAB^ JYUG` 待人苛刻的人）。
KA	咖	咖啡（KA FI＝GA BI：Coffee. Café 的譯音）。 大咖（TAI^ KA 較有份量、較為有名的）。
KA^	卡	[河洛音]較： 卡好（KA^ HO` 較好）。 卡多（KA^ DO 較多）。 卡大（KA^ TAI^ 較大）。 卡遽（KA^ GIAG` 較快）。

KAB`	瞌	合眼、打盹。 瞌眼（KAB` NGIAN`）。 瞌睡（KAB` SOI^ 合眼打盹小睡）。 瞌一下（KAB` ID` HA^小睡一下）。
KAB`	磕	1、以頭去撞地、碰壁。 磕頭（KAB` TEUv）。 2、碰觸到身體。 磕到手（KAB`DO`SU` 碰觸到手）。 莫去磕伊（MOG^ HI^ KAB` Iv 別去碰他）。
KAG`	喀	喀血（KAG` HIAD` 咳嗽咳出血來）。 喀痰（KAG` TAMv 咳嗽咳出痰來）。 喀呸（KAG` PUI^ 咳出痰來再吐出）。
KAG`	咳	咳血（KAG` HIAD` 咳嗽咳出血來）。 咳痰（KAG` TAMv 咳嗽咳出痰來）。 咳呸（KAG` PUI^ 咳出痰來再吐出）。 咳嗽（KAG` TSUG^）。
KAG^	握 搿	五指合抓。 握=搿緊（KAG^ HENv 握緊）。 握=搿拳（KAG^ KIANv 握拳）。
KAI	掮	掮擔（KAI DAM 挑擔子）。 掮水（KAI SUI` 挑水）。 掮不贏（KAI Mv IANGv 沒有能力挑）。
KAM`	礛	重壓。 礛死（KAM` CI` 被重物壓死）。 礛到腳（KAM` DO` GIOG` 壓到腳）。
KAM`	崁	店鋪一間叫 一崁（ID` KAM`）。 兩崁店（LIONG` KAM` DIAM^ 兩間店）。
KAM^	坎	低陷不平、地的斷層。 坎頭（KAM^ TEUv）：斷層的高處。 坎頂（KAM^ DANG`）：斷層的頂端。 高坎（GO KAM^）：凸起的斷層高地。 田坎（TIENv KAM^）：凹下的田。
KAM^	瞰	俯視： 俯瞰（FU` KAM^ 向下看）。 鳥瞰（NGIAU KAM^ 從高空向下看）。
KANG	空	孔穴。窟窿。 大空（TAI^ KANG 很大的洞）。 開空（KOI KANG 鑿開孔洞）。 冇空(MOv KANG 沒有孔洞）。
KAU	交	1、物體交叉、交纏：

		交手（KAU SU` 手交叉）。 交腳（KAU GIOG` 腳交叉站立、交腿而坐、雙 　　　腳絞紐而臥）。 索也交穩矣（SOG`GE`KAU UN`NEv 繩子交繞， 　　　糾結在一起了）。 2、　刀削。 　　交番薯（KAU FAN SUv 削地瓜皮）。 　　交樹皮（KAU SU^ PIv 刨削樹皮）。 　　交篾也（KAU MED^ LE` a、削竹篾皮。 　　　　　　　b、編織篾皮做竹器）。 3、　吹風、風乾、兜風。 　　交風（KAU FUNG 放在通風處風乾）。
KAU	蹺	腳蹺蹺（GIOG` KAU KAU 腳骨彎曲不直,呈弧 　　（ ）形）。
KAU	尷	諷刺、譏誚、講話帶刺： 　　尷誚（KAU SE` 以言語譏諷人）。 　　尷尷誚誚（KAU KAU SE` SE` 說話帶刺譏諷 　　　　　人）。
KI	企	站立。 　　企坐（KI TSO 站或坐）。 　　企起來（KI HI` LOIv 站起來）。
KI	攲	歪、斜。 　　攲攲（KI KI）：傾斜。
KI	蹊	蹊蹺（KI KIEU）：事情違背常理，有令人懷疑 　　之處。
KIv	岐	岐＝歧路（KIv LU^ 分岔路）。 　　岐嶷（KIv NGI^＝KIA NGIA` a.山勢高峻深茂； 　　　　　　　　b.兒童絕頂聰明）。
KIv	歧	歧(跂)趾（KIv Z` 旁生的腳趾）。 　　歧路（KIv LU^ 岔路）。 　　歧見（KIv GIAN^ 不同的意見）。 　　歧途（KIv TUv 錯誤之路，岔路）。 　　歧異（KIv I^ 事情錯雜）。 　　歧視（KIv S^ 不公平的待遇）。
KIv	蛭	軟體、扁長色黑黃的吸血水蟲：水蛭。 　　湖蛭（FUv KIv 俗稱：馬黃）。
KI^	憩	休息： 　　休憩（HYU KI^）。 　　憩息（KI^ CID` 休息）。
KIAv	朧	長腳蜘蛛： 　　邋朧（LAv KIAv 長腳蜘蛛）。

		人的腳長： 　高朧朧（GO KIAv KIAv 身體高長）。
KIAv	舉 擎	舉起。 　舉=擎筆（KIAv BID` 握筆）。 　舉=擎竹篙（KIAv ZUG` GO）。 　舉=擎高起來（KIAv GO HI`LOIv 舉高）。 　舉=擎刀揭斧（KIAv DO` IAD^ BU` 大動干戈， 　　　　　　　刀光劍影）。
KIA^	跨 胯	跨=胯权（KIA^ UA）：雙足開叉走路。 　腳跨跨=胯胯（GIOG` KIA^ KIA^ 雙腳開叉走路 　　　　　　　貌）。 　腳跨=胯開來（GIOG`KIA^ KOI LOIv 把腳跨 　　　　　　　開）！
KIA^	祛	1、刷乾淨，清除。 　祛淨來（KIA^ CHIANG^ LOIv 用刷子刷乾淨）！ 2、雞祛（GIE KIA^ 破開竹子的一端，敲地使之發 　　　　　聲，趕走雞隻的竹器。亦喻婦女多嘴）。 3、祛也（KIA^ E`）：清潔用的各種刷子。 　祛把（KIA^ BA` 以竹枝,樹枝編成,掃樹葉的,較粗 　　　　　的掃把）。
KIAB`	怯	畏懼： 　膽怯（DAM` KIAB` 害怕）。
KIAB^	愜	心中滿足： 　愜意（KIAB^ I^）。
KIAB^	搾	以機器碾碎壓搾。 　搾蔗也（KIAB^ ZA^ E` 搾取甘蔗汁）。 　搾到手（KIAB^ DO`SU` 手被機器碾到）。
KIAD^	竭 蹶	1、用力掙扎。 　竭=蹶命（KIAD^ MIANG^ 盡力掙扎）。 　竭=蹶崎（KIAD^ GIA^ 用力爬坡）。 2、拼命工作。 　煞猛竭（SAD` MANG KIAD^ 努力拼）。 　竭日竭夜（KIAD^ NGID` KIAD^ IA^ 日夜辛勤 　　　　　　　工作）。
KIAG`	劇 劇	演戲。 　戲劇（HI^ KIAG`）。 　話劇（FA^ KIAG` 對話戲劇）。 　劇本（KIAG` BUN` 戲劇的腳本）。
KIAG^	屐	1、木底的鞋，木鞋。 　木屐（MUG` KIAG^）通稱"屐也 KIAG^ GE`" 2、鞋的通稱。

		草屐（TSO` KIAG^ 草鞋）。
KIAM	檻	門下的橫木稱為 　　戶檻（FUv KIAM）。 　　門檻（MUNv KIAM）。
KIAMv	鉗	夾東西的工具： 　　鉗也（KIAMv ME` 鉗子）。 　　鐵鉗（TIED` KIAMv）。 　　火鉗（FO` KIAMv）。
KIAMv	拑	跨騎在上面： 　　狗相拑(GIEU` CIONG KIAMv 狗交配）。 身體伸不直： 　　腰拑背吊 (IEU KIAMv BOI^ DIAU^)。
KIAM^	拃	一拃長 (ID` KIAM^ TSONGv 伸開距離最長兩指 　　的長度）。
KIAM^	跨	跨過去（KIAM^ GO^ HI^ 跨過去）。 莫跨我（MOG^ KIAM^ NGAIv 別從我身上跨 　　過）。
KIAM^	芡	勾芡（GIEU KIAM^ 煮湯時加些許芡粉,使湯成為糊 　　狀）。
KIAN^	扦	以尖物刺通。 　　扦鼻 (KIAN^ PI^ 穿鼻洞）。 　　扦耳 (KIAN^ NGI` 穿耳洞）。 　　扦菸葉 (KIAN^ IAN IAB^ 串菸葉）。
KIANG^	強	能幹、會做事。 　　恁強（AN` KIANG^ 這麼能幹）！ 　　讀書蓋強（TUG^ SU GOI^ KIANG^ 很會讀 　　　書）。 　　盡強個細妹也（CHIN^ KIANG^ GE^ SE^ MOI^ 　　　IE` 很能幹的女孩子）。
KIANG^	儉	1、 節儉。 　　省儉（SANG` KIANG^）。 2、 儉嘴（KIANG^ ZOI^）：吃過藥之後，為避免沖 　　淡藥性，謹慎吃食。
KID^	撅	攪拌。 　　撅糕（KID^ GANG 攪拌漿糊使熟）。 　　撅甜版（KID^ TIAMv BAN` 邊加熱邊攪拌年 　　　糕）。
KID^	杙	木樁。 　　樹杙也（SU^ KID^ DE` 小木樁）。 　　柴杙也（TSEUv KID^ DE` 一小段燒火用的木 　　　柴）。

KID^	疙	一粒疙（ID` LIAB^ KID^ 一個腫塊、疙瘩）。 糖疙（TONGv KID^ 一糰結塊的蔗糖）。
KIEv	癡 痴	傻、呆。 　　癡戇（KIEv NGONG^ 呆傻）。 　　莫恁癡（MOG^ AN` KIEv 別這麼傻）！
KIE`	解	將扣緊或繫在褲上的皮帶打開；打開包袱的結、解 (KIE`)開繩結。 　　解皮帶（KIE` PIv DAI^）。 　　解索也(KIE`SOG` GE` 解開繩結）。
KIE^	客	(河洛音) 　　客哥（KIE^ GO 姘夫）。
KIEB`	弇	1、蓋罩。 　　弇魚也（KIEB` NGv NGE` 以網罩抓魚）。 2、蓋章。 　　弇印（KIEB` IN^ 蓋印）。 　　弇印也（KIEB` IN^ NE` 蓋章）。 　　弇金票（KIEB` GIM PEU^ 印製錢票）。 3、店鋪倒閉。 　　弇歇矣（KIEB` HED` LEv）：倒閉了。
KIEN`	愰	發怒、氣憤、生氣。 　　盡愰（CHIN^ KIEN` 很生氣）。 　　愰伊（KIEN` Iv 氣他，對他生氣）。 　　會愰死（UOI^ KIEN` CI` 會氣死）。
KIEU KO	箍 弧	環箍。 1、用竹篾或鐵皮做的環，套在木桶上，使桶不致 　　散開。 　　箍=弧桶也（KIEU TUNG` NGE` 圈木桶）。 2、如水管電線卷曲成卷。 　　箍=弧水管（KIEU SUI` GON` 將水管圈成一 　　　　　　　卷）。 　　箍=弧電線（KIEU TIEN^ CIEN^ 將電線圈成一 　　　　　　　卷）。 　　蛇哥箍=弧穩矣（SAv GO KIEU UN` NEv）：蛇 　　　　　　　卷曲著。 3、畫圓。 　　箍=弧圓圈也（KIEU IANv KIAN NE` 畫圓圈）。 4、大弧=箍（TAI^ KIEU=KO 肥胖、胖子）。
KIEU	鬮	決定次序、得失、吉凶的籤條。 　　拈鬮（NGIAM KIEU 抽簽，抓鬮）。
KIEU	蹺	蹺腳（KIEU GIOG`）：雙腳交叉。坐著或躺著 　　　　　　　一腳放在另一腳上。雙足交叉盤坐。

98

KIEU	摳	摳耳屎（KIEU NGI` S` 挖耳屎）。
KIEU	蕎 荍	蕎也（KIEU UE`）：蝦夷蔥、小洋蔥，稱為 蕗蕎（LU^ KIEU）。
KIEUv	撓	撓人（KIEUv NGINv）：小孩子為要求某物或某 事纏煩大人、啼哭不放的不乖舉動。
KIEU^	撬	1、用木、竹、鐵棍等，以槓桿原理將重物撬起或 　　移動。 　　撬起來（KIEU^ HI` LOIv）。 2、以木、竹、鐵器撬開釘子釘緊的木箱。 　　撬開（KIEU^ KOI）。 3、撬頭（KIEU^ TEUv）不平衡，或稱"頭重輕 TEUv 　　TSUNG KIANG"；一頭重，另一頭輕； 　　像人力車，因坐的人重，背一靠，拉的 　　人輕，就被吊起離地。 　　撬尾（KIEU^ MI 同"撬頭"）。
KIM	襟 衿	上衣胸前釘有鈕扣的部分。 　　對襟（DUI^ KIM 直領對扣）。 　　大襟衫（TAI^ KIM SAM 大斜領衫）。同 　　　「衿」。
KIMv	尋	八尺長。 　　一尋長（ID` KIMv TSONGv 兩手左右伸開的長 　　　度）。
KIMv	弇	雞弇（GIE KIMv 籠罩雞的竹罩或金屬罩）。
KIM^	撳	用手或指按壓、從上面重壓。 　　撳鈴（KIM^ LINv 按鈴、按電鈴）。 　　撳人（KIM^ NGINv 手或身體壓在別人身上）。 　　撳緊（KIM^ HENv 壓緊）。
KIN	肫	鳥類的胃。 　　雞肫（GIE KIN 雞胃）。 　　鴨肫（AB` KIN 鴨胃）。
KIN^	舠	種舠斗（ZUNG^ KIN^ DEU` 頭觸地,腳伸向天, 　　倒翻身,倒栽蔥,翻跟斗）。
KIOv	茄	茄也（KIOv UE` 茄子：吊菜也（DIAU^ TSOI^ IE`）。
KIOv	瘸	手或腳不靈活、不健全的人。 　　瘸腳（KIOv GIOG` 跛腳）。 　　手瘸腳跛（SU` KIOv GIOG` BAI 手足不健全、不 　　　靈活）。 　　瘸手瘸腳（KIOv SU` KIOv GIOG` 手足不健全、 　　　不靈活）。
KIOI^	倦	倦矣（KIOI^ IEv 累了）。

		盡=蓋倦（CHIN^=GOI^ KIOI^ 很累）。
KIONG	匡	幫助。 匡助（KIONG TSU^）。 匡布袋（KIONG BU^ TOI^）：雙手張開布袋 　　　口，幫助裝袋人，容易裝入東西。
KIONG^	趕	趕快（KIONG^ KUAI 趕緊）。
KOG^	磕	1、石頭、木頭、硬物踫撞聲、落地聲,頭的撞擊 　　聲,膝蓋跪地聲。 磕磕滾（KOG^ KOG^ GUN` 磕磕響）。 磕于恁大聲(KOG^ GA^ AN` TAI^ SANG 踫撞得 　　這麼大聲）。 2、大頭磕（TAI^ TEUv KOG^ 笑人"大頭!"比人大 　　的頭）。
KONG^	囥	放置、藏匿。 囥起來（KONG^ HI` LOIv 存放起來）。 囥于桌上（KONG^ NGA^ ZOG` HONG^ 放在桌 　　上）。
KONG^	放	放置、存放、收藏。 放好（KONG^ HO`）。 放這裏（KONG^ IA` LE）。 放起來（KONG^ HI` LOIv 收藏起來）。
KONG^	爌	爌肉（KONG^ NGYUG` 紅燒肉）。
KU	苦	為生活操勞。 苦倒(或)苦到（KU DO`）：過勞而病。 苦上苦下（KU SONG KU HA 來回為生活操 　　勞）。
KU	哭	哭人（KU NGINv 幼兒以哭要求，兒童為求得 　　某物、求准某事，在父母面前或周圍要 　　賴哭鬧）。
KU	唬	狗張牙弄爪、怒目盯人，欲咬人的樣子： 　　狗也唬人（GIEU` UE` KU NGINv）。
KUv	傴	傴背（KUv BOI^ 駝背）。
KU^	靠 怙	靠=怙杖也（KU^ TSONG` NGE`）：以杖支 　　撐。
KUA^	跨	越過、邁過。 跨過（KUA^ GO^）。 跨越（KUA^ IAD^）。 跨海（KUA^ HOI` 過海）。
KUAD`	刮	訓責、指責、罵。 分人刮矣（BUN NGINv KUAD` LEv 挨了人的訓

		責、挨罵、挨刮鬍子）。 愛刮伊（OI^ KUAD`Iv 要訓戒他、刮他鬍子）！
KUAG^	摑	敲打硬物聲、啃骨頭聲、頭殼被敲聲、鞋跟著地聲。 　摑摑滾（KUAG^ KUAG^ GUN` 喀喀作響）。
KUAN^	攑	1、　手提。 　攑水（KUAN^ SUI` 提水）。 　攑酒（KUAN^ JIU` 提酒，買酒）。 2、　懷孕： 　攑人（KUAN^ NGINv）。 　攑大肚（KUAN^ TAI^ DU` 懷孕）。
KUANG^	鏗	鏗嘴（KUANG^ ZOI^ 多嘴，到處說話,信口開河）。
KUD^	掘	挖掘。 　掘井（KUD^ JIANG` 挖井）。 　掘芋也（KUD^ U^ UE` 挖芋頭）。 　掘番薯（KUD^ FAN SUv 挖地瓜）。
KUD^	楇	楇尾（KUD^ MI 斷尾的）。 　楇尾狗（KUD^ MI GIEU` 沒有尾巴的狗）。 　楇尾竹（KUD^ MI ZUG` 斷尾的竹子）。
KUIv	魁	1、　首領、領頭人物。 　魁首（KUIv SU`）。 　罪魁（TSUI^ KUIv 頭號罪人）。 2、　比賽得第一，稱為 　奪魁（TOD^ KUIv 得到第一）。 3、　體態高大、強壯。 　魁梧（KUIv NGv 高大強壯）。 　魁偉（KUIv WI` 高大）。
KUNv	卷	〔河洛音〕。卷曲、纏繞、環繞。 　卷穩矣（KUNv UN`NEv 卷曲著，如蛇、發條）。 　一卷電線（ID`KUNv TIEN^ CIEN^）。
KUN`	捆 綑	1、　用繩子綁起來。 　捆綁（KUN` BONG`）。 2、　一束稱為 　一捆（ID` KUN`）。 　一捆禾稈（ID` KUN`UOv GON` 一捆稻草）。 　一捆蔗葉（ID` KUN`ZA^ IAB^）。
KUN`	滾	滾滾輾（KUN`KUN`ZAN^）：人或圓筒形物體在地上滾動。

101

KUNG`	控	柑、柚等水果的一小塊。 一控柚也（ID` KUNG` GAM ME` 一個單獨塊的柚子）。 幾下控柑也（GI` HA KUNG` GAM ME`好幾小塊的橘子）。
KYU	坵	田坵（TIENv KYU 田畦，田圍）。 一坵田（ID` KYU TIENv 一塊田）。
KYUG^	跼	關押。 跼鴨也（KYUG^ AB` BE` 關圍鴨子）。
LAv	邋	長腳蜘蛛。 邋𧍒（LAv KIAv）。
LAv	邐	邐家門（LAv GA MUNv 男女相親之後，女方往訪男家，看看男方的家門）。
LAv	啦	啦歌哩唱（LAv GO LI` TSONG^ 心情好，唱歌取樂）。
LA`	垃	垃圾=攞扱（LA` SAB`）：廢棄的東西。
LA`	裸	沒有穿衣服： 裸露（LA` LU^）。 裸體（LA` TI`）。
LA^	扐	指、趾間的皮蹼。伸開五指的手掌向對方表示足夠了。 扐擺（LA^ BAI` 伸開五指阻止，表示"足夠了"）。 不扐（Mv LA^ 不夠）。
LAB`	絡	手絡也（SU` LAB` BE` 手套）。 絡不落(入)（LAB` Mv LOG^＝NGIB^ 套不進去）。
LAB`	落	落入、陷下去、破裂。 落下去矣（LAB` HA HI^ IEv 腳或車輪陷入泥濘中、重物陷入深處）。 落到窟也（LAB` DO`FUD`LE` 落入窟窿中）。 袋也落歇矣（TOI^ IE` LAB` HED`LEv 袋子破裂、東西掉落了）。
LAB`	塌	倒塌，塌陷。 屋也、橋也塌歇矣（UG` GE`，KIEUv UE` LAB` HED` LEv 房子、橋面塌陷了）。
LAB^	邋	免費討得。 邋食（LAB^ SD^ 討食）。 衣服破舊。 邋邋（LAB^ LAB^ 衣服髒舊）。
LAD`	烈	火燒猛烈。

		火烈（FO` LAD`）。 燒焦了的。 　　火燒烈（FO` SEU LAD`）。
LAG`	壢	比平面深的長溝。 　　溝壢（GIEU LAG` 溝壑）。 　　牛車壢（NGYUv TSA LAG`牛車鐵輪在泥路上滾 　　　　過的溝）。 　　屎窟壢（S^ FUD` LAG` 屁股溝）。
LAG`	瀝	瀝水（LAG` SUI`）：把剩餘的水舀乾。把鍋 　　底、水溝或湖窟的水舀乾。
LAG^	綠	青綠色。 　　綠蛙（LAG^ GUAI` 青蛙）。 　　面綠青（MIEN^ LAG^ CHIANG 臉色青綠）。
LAG^	剌	鋸開、切開成片： 　　剌樹也（LAG^ SU^ UE` 鋸樹成片）。 　　剌板也（LAG^ BIONG NGE` 鋸木板成片）。
LAIv	拉	不覺中放出屎尿。 　　拉屎（LAIv S` 漏屎）。 　　拉尿（LAIv NGIAU^ 尿失禁）。
LAIv	犁	1、犁田（LAIv TIENv）：用犁翻田土。 2、犁犁（LAIv LAIv）：秤竿或鐘錶的分針時針 　　　低於水平面；低著頭。 　　頭犁犁（TEUv LAIv LAIv 低著頭）。 　　秤也犁犁（TSN^ NE` LAIv LAIv 秤竿低於水 　　　平面）。 　　針也犁犁（ZM ME` LAIv LAIv 鐘錶的分針 　　　時針低於水平面）。
LAI`	睞	用斜眼看。 　　偷睞（TEU LAI` 偷看）。
LAI^	賚 賴	兒子(神所賞賜的兒子,作為依靠的兒子)。 　　賚也＝賴也（LAI^ IE` 兒子）。 　　穸(娩)賚＝賴也（GYUNG^ LAI^ IE` 生男孩）。
LAM	濫	1、不耐用。 　　濫貨（LAM FO^）。 2、身體弱。 　　濫身（LAM SN）。
LAM	籃 篢	細籃也（SE^ LAM ME` 小籃子）。 　　嘴籃也（ZOI^ LAM ME` 耕作時,籠住牲畜的 　　　嘴,使牲畜不能吃農作物的籠嘴器）。
LAM`	濫	濫糝（LAM` SAM`）：不循規矩，隨便。
LAM^	濫	多水的田，多水之地。

		濫田（LAM^ TIENv）。
LAN	涎	口水、唾液。 口涎（HEU` LAN）。
LANGv	伶	伶俐（LANGv LI^）：個性喜愛潔淨。
LANGv	零	零星（LANGv SANG 整數之外的）。 等於零（DEN` I LANGv 如同沒有）。 零錯誤（LANGv TSO^ NGU^ 沒有錯誤）。 零機會（LANGv GI FI^ 沒有機會）。 零碎（LANGv SUI^ 細碎、部分的）。 零落（LANGv LOG^ 衰落）。 零食=嗒（LANGv SD^ = DAB^ 主食之外的食物, 零食）。
LANGv	連	狗相連（GIEU` CIONG LANGv 狗在交配）。
LANG^	烺	霎烺（NGIAB` LANG^ 閃電）。
LANG^	浪	痕紋。 分樹奶勒到一浪（BUN SU^ NEN^ LIAG^ DO`ID` LANG^ 被橡皮勒成 浪痕）。 一浪一浪（ID` LANG^ ID` LANG^ 許多痕紋）。
LAU	遨	遨聊（LAO LIAU^ 遊覽,邊走邊談）。
LAU	與	同、及、和。 書與筆（SU LAU BID` 書和筆）。 伊與我（Iv LAU NGAIv 他和我）。
LAUv	撈 捞	從水或液體中取出。 撈魚也（LAUv NGv NGE` 撈魚）。 撈月（LAUv NGIAD^ 撈取在水中的月亮,比喻 無所得）。
LAUv	潦	潦屎窟（LAUv S^ FUD`）：以手㧌水洗屁股。 潦核（LAUv HAG^ 洗睪丸）。
LAU`	恅	恅到（LAU` DO` 以為,自認為）。
LE	咧 焉	語助詞： 一些咧=焉（ID` CID` LE 一點點）。 隙歇咧（BID` HED` LE 裂開了,有裂縫了！） 冇直咧（MOv TSD^ LE 歪了,不直了！）
LEv	伸	伸出舌頭。 伸舌（LEv SAD^）。
LED^	摟 扐	擁抱·摟抱： 摟=扐人（LED^ NGINv 抱人）。 摟=扐西瓜（LED^ CI GUA 抱西瓜,抱著懷孕的 肚子）。

LEU	累	累倒。 會做累（UOI^ ZO^ LEU　會做死）。
LEUv	嶁	頭碰傷凸出的腫塊。 起嶁（HI` LEUv 腫起的肉包）。
LEUv	篓	笊篓（ZAU^ LEUv）：炸油鍋或煮燙食物時，撈起食物的網形撈具。
LEU^. LO^	嘍	呼叫動物前來。 嘍狗也（LEU^=LO^ GIEU` UE`）。
LIAB`	楔	挾藏、擠塞。如： 楔牙齒（LIAB` NGAv TS` 擠塞在牙縫中）。 楔刀也（LIAB`DO UE` 身藏刀子）。 尾楔楔（MI LIAB` LIAB` 夾著尾巴）：比喻不受歡迎或沒有達到目的。 避避楔楔（BIANG^ BIANG^ LIAB` LIAB` 躲躲藏藏）。 山坑楔角（SAN HANG LIAB` GOG` 極其偏僻處）。
LIAG`	掠	1、強取： 劫掠（GIAB` LIAG`）。 2、捕捉：[河洛音] 掠猴（LIAG` GAUv 抓姦）。 掠到（LIAG` DO` 抓到）。 3、溜掠（LIU` LIAG`）：[河洛音]動作輕巧敏捷。
LIAG^	勒	1、以橡皮筋、絲線、繩索捆綁勒緊。 勒緊（LIAG^ HENv　綁緊,捆緊）。 用樹乳勒（YUNG^ SU^ NEN^ LIAG^　以橡皮筋勒緊）。 分樹奶勒到一浪（BUN SU^ NEN^ LIAG^ DO` 　　　　ID` LANG^ 被橡皮筋勒成一條凹痕）。 2、銅錢成串的蹦撞聲： 勒勒滾（LIAG^ LIAG^ GUN` 勒勒作響）。
LIAMv	簾 帘	遮蔽門窗的垂簾。 門簾（MUNv　LIAMv）。 竹簾（ZUG`　LIAMv）。 布簾（BU^　LIAMv）。 窗簾（TSUNG　LIAMv）。
LIAM`	斂	斂水（LIAM` SHUI` 有水的水溝,溝壢,水塘的水乾了）。 水斂矣（SUI` LIAM` MEv 水退乾了）。
LIAM^	稜	物體的銳角稜線： 楊桃有五稜（IONGv TOv YU NG` LIAM^）。

105

LIANG^	讌	謎語。 做讌（ZO^ LIANG^ 出謎語）。 讌也（LIANG^ NGE`謎語）。
LIAU	撩	1、 提起、提取。 褲腳撩起來（FU^ GIOG` LIAU HI` LOIv 褲管提 起來）。 2、 用圓鍬或鏟子將地上的東西剷起來。 撩屎（LIAU S` 鏟起地上的糞便）。
LIAUv	撩	挑逗，戲弄人。 撩人（LIAUv NGINv 挑逗人）。 撩刁=屌（LIAUv DIAU 動手動腳）。 撩撩觸觸（LIAUv LIAUv DUD` DUD` 動手動腳戲 弄人）。
LIAUv	潦	1、 做事不精細： 潦草（LIAUv TSO`）。 2、 境遇不順： 潦倒（LIAUv DO`）。
LIAU`	了	了解（LIAU` GIAI` 明白、懂得）。 一目了然（ID` MUG` LIAU` IANv 一看就明 白）。 了結（LIAU` GIAD^ 結束）。 了卻（LIAU` KIOG` 了結）。 了事（LIAU` S^ 事情了結、明白事理）。 了錢（LIAU` CHIENv 虧錢）。 了歇矣（LIAU` HED` LEv 生意失敗、賠光 了）。
LIAU`	瞭	1、 明白： 明瞭（MINv LIAU`）。 瞭然（LIAU` IANv 非常明晰）。 瞭解（LIAU` GIAI`）。 瞭如指掌（LIAU` Iv Z` ZONG` 看得清 楚）。 2、 眼睛光明： 瞭亮（LIAU` LIONG^）。
LIAU^	鐐	拷在腳上、限制行動的鐵鍊。 腳鐐（GIOG` LIAU^）。
LIAU^	聊	遊玩，邊遊邊聊。 行聊（HANGv LIAU^ 邊遊邊聊）。 放聊（BIONG^ LIAU^ 放假）。 遨聊（LAU LIAU^ 遊覽）。
LID`	捩	用力旋轉物體：

		轉捩（ZON` LID` 事情轉變）。 轉捩點（ZON` LID` DIAM` 事情轉變的關 　　頭）。
LID^	瘰	淋巴腺腫起。 發瘰也（BOD` LID^ LE`）。
LIEN	摙	不愛惜地搬動。 摙上摙下（LIEN SONG LIEN HA）。
LIENv	嚏	口嚏（HEU` LIENv 喉嚨）。 口嚏哽（HEU` LIENv GANG^ 喉嚨）。
LIEN`	斂	從口中退吐。 斂魚骨（LIEN` NGvGUD` 退出魚骨）。
LIEN^	躪	躪人（LIEN^ NGINv 腳踩人）。 踩躪（NOv LIEN^ 踐踏傷害）。
LIEN^	譧	欺騙、說謊。 譧人（LIEN^ NGINv 騙人）。 狡騙譧掣（HIEU PIEN^ LIEN^ TSOD` 以不正當 　　手法騙取）。 譧猴食雞屎（LIEN^ HEUv SD^ GIE S` 欺騙猴子吃 　　雞糞,比喻以不正當手段玩弄人家）。
LIEN^	輪	輪也（LIEN^ NE` 輪子）。 車輪也（TSA LIEN^ NE` 車輪）。
LIM	飲	飲酒（LIM JIU`）。 飲茶（LIM TSAv）。
LINv	輪	輪流、輪到。 輪水（LINv SUI` 輪流給水）。 輪食（LINv SD^ 輪流奉養）。 一輪（ID` LINv 循環一回）。 照輪（ZEU^ LINv 依序輪流）。
LIN`	吝	1、吝嗇（LIN` SEB` 該拿出的不拿出,該用的不 　　　用）。 2、雄性陽具。從黃狗吝：交配後陽具不能立即拔 　　　出,謂 "知入不知出",引申為雄性陽具。 　　吝也（GIEU` LIN` 狗的陽具）。 　　吝也（LIN` NE` 陽具）。 　　吝棍（LIN` GUN^ 陽具,罵人不知變通）。
LIONv	縫	用針縫（YUNG^ ZM LIONv）。 縫矣三針（LIONv NEv SAM ZM 縫了三針）。
LIONGv LIONG^	輛	一輛車也（ID` LIONGv=LIONG^ TSA E` 一輛車 　　子）。
LIONG^	晾	晾衫褲（LIONG^ SAM FU^ 通風使衣服乾 　　燥）。

LIU`	讆	讆人（LIU` NGINv 欺騙、說謊騙人上當）。
		讆篝（LIU` GUNG = LUI` GUNG 以竹篾編織成的盛裝魚蝦的盛具）。
LIU^	讆 紐	蛤蟆讆=紐也（HAv MAv LIU^ UE` 可放鬆縮緊、上下滑動的活結）。 讆=紐掠也（LIU^ LIAG` GE` 套物繩結）。
LO	糅 落	混合, 雜入。 糅=落合（LO GAB` 混合雜入）。 糅=落糖（LO TONGv 加入糖）。 糅=落湯（LO TONG 加湯）。
LOv	膴	螺旋形指紋。 箕膴（GI LOv）：U 形指紋稱為箕，O 形指紋稱為膴。
LO`	潦	潦草（LO` TSO`做事、寫字不精細）。
LO^	勞	慰勞（WI` LO^ 慰問犒賞）。 勞豺（LO^ SAIv 潤滑缺少油脂的腸胃）。
LO^	举	寥寥甚少。稀疏。 頭顱毛举举（TEUv NAv MO LO^ LO^ 頭髮稀疏）。 举举（LO^ LO^ 毛衣或布織得稀疏）。 恁举個毛線衫（AN` LO^ GE^ MO CIEN^ SAM 這麼稀疏的毛線衣）。
LO^ LEU^	嘍	呼叫動物。 嘍狗也（LO^ = LEU^ GIEU` UE` 喊叫狗）。
LO^	外	外背（LO^ BOI^）：外面。
LO^	老	老鼠（LO^ TSU`）。 老虎（LO^ FUv）。
LO^, LU^	鑢	1、塗擦藥條。 鑢薄荷玉（LO^ = LU^ POG^ HOv NGYUG^ 塗擦薄荷條）。 2、磨、擦。 鑢淨（LU^ CHIANG^ 磨擦乾淨）。 鑢金（LU^ GIM 磨擦光亮）。
LOD`	落	脫落、鬆掉、掉落、啃食。 落歇矣（LOD` HED` LEv 鬆脫了）。 剝不落（BOG` Mv LOD` 剝不開,解不開,脫不開）。 落骨頭（LOD` GUD` TEUv 啃骨頭上的肉）。
LOD^	捋	1、 以手逼壓、把腸內或軟管內的物體擠出。 捋出來（LOD^ TSUD`LOIv 逼壓出來）。 2、 以指順穗拉扯:

108

		抒穀串（LOD^ GUG` TSON^）：將穀穗的穀粒拉扯下來。 3、用鞭打人： 抒猴（LOD^ HEUv 不乖的人被打）。
LOD^	攞	同「抒」。 攞衫袖（LOD^ SAM CHIU^ 推高袖子）。 攞褲腳（LOD^ FU^ GIOG` 拉高褲管）。
LOD^	烙	熱烙於。 興烙烙到（HIM^ LOD^ LOD^ DO` 興致沖沖地）。
LOG`	力	力食（LOG` SD^ 賺錢糊口、找吃）。
LOG`	攀 落	攀=落确（LOG` KOG` 山多大石貌，破舊鬆脫貌）。 攀=落确車（LOG` KOG` TSA 車子破舊鬆脫貌）。 攀攀确确（LOG` LOG` KOG` KOG` 破舊鬆脫貌）。
LOG`	樂	不慌不忙、輕輕鬆鬆地。 樂樂焉做（LOG` LOG` GE ZO^ 不急不忙地做）。
LON^	健	雞健也（GIE LON^ NE` 未生卵的雌雞）。
LONG LONG` LONG^	朗	1、明亮。 明朗（MINv LONG=LONG`=LONG^）。 晴朗（CHIANGv LONG=LONG`=LONG^）。 天朗矣（TIEN LONG=LONG^ NGEv 天晴了）。 2、聲音響亮。 朗讀（LONG=LONG`=LONG^ TUG^ 大聲讀）。 朗誦（LONG=LONG`=LONG^ CYUNG^ 大聲誦讀）。
LONG	晾	把日曬的衣服或燃燒的柴火升高,使通風： 晾衫褲（LONG SAM FU^ 攤開衣服,使之通風)。 晾起來通風（LONG HI` LOIv TUNG FUNG）。
LU	滷	加鹽調製食品。 滷鹽（LU IAMv）。 滷鹹菜（LU HAMv TSOI^）。
LU	鏀	生鏀（SANG LU 生鏽）。 發鏀（BOD` LU 生鏽）。
LUv	撩	撩褲腳（LUv FU^ GIOG` 撩起褲管）。 撩褲頭（LUv FU^ TEUv 把滑下去的褲子拉

		高）。
LU`	遂	1、 衣褲因動作而移位。 衫遂出來矣（SAM LU`TSUD`LOIv IEv 衣衫跑 　　　出來了）。 2、 與人理論、磨時間。 同伊遂（TUNGv Iv LU` 跟他磨、與他理論到 　　　底）。 3、 做超過自己力量的吃力工作。 遂不上（LU`Mv SONG 以此力量推不上去）。
LUD`	落	同「落 LOD`」。 1、 鬆開、脫落。 落歇矣（LUD`HED`LEv 鬆脫了）。 擘不落（BOG`Mv LUD`擘不開）。 2、 以手磨擦、擦拭。 落雞毛（LUD`GIE MO 將雞皮上的細毛擦拔 　　　乾淨）。 落頸筋（LUD`GIANG`GIN 用手擦乾淨頸上的 　　　污垢）。 落不淨（LUD`Mv CHIANG^ 擦不乾淨）。
LUG`	搰	攪拌。 搰糖水（LUG`TONGv SUI` 糖在水中攪溶,成為 　　　糖水）。
LUG^	汆	以滾水燙。 汆面帕版(LUG^ MIEN^ PA^ BAN` 燙煮版條)。
LUG^	爐	火燙。 火爐到手（FO`LUG^ DO`SU` 被火燙傷手）。
LUI	擂	用手拳打。 擂人（LUI NGINv 以拳打人）。 分人擂矣（BUN NGINv LUI IEv 挨人拳打 　　　了）。
LUIv	擂	1、 研磨,研碎。 擂胡椒（LUIv FUv ZEU）。 擂麋（LUIv MIENv 研碎成粉）。 2、 擂台（LUIv TOIv）：比賽場所。 擂鼓（LUIv GU`擊鼓）。
LUI`	罶	罶簀（LUI`GUNG = LIU`GUNG）：以竹篾編織 　　　成的盛裝魚蝦的盛具。
LUI^	鑠	鑠鑽（LUI^ ZON^ 鑽孔用鑽）。 鑠空（LUI^ KANG 鑽孔,鑽洞）。 鑠蔗根（LUI^ ZA GIN 以刀削除甘蔗的根鬚）。
LUNGv	窿	地下坑道。

110

		蛇窿（SAv LUNGv 蛇在地下爬行的坑道）。 老鼠窿（LO`= LO^ TSU` LUNGv 老鼠洞）。 蛇窿透蛙窟（SAv LUNGv TEU^ GUAI` FUD` 老 　　　　鼠洞串連蛇洞，比喻與人串通，為 　　　　非作歹）。
Mv	不	表否定、未定、禁止，通「毋，否」。 不係（Mv HE^ 不是）。 不知（Mv DI）。 不識（Mv SD` 不認識，不曾）。 不著（Mv TSOG^ 不對）。 我不去（NGAIv Mv HI^ 我不去）。 做不歇（ZO^ Mv HED` 做不完）。 不分我（Mv BUN NGAIv 不給我）。 不賣矣（Mv MAI^ IEv 不賣了）。
M^	母	媽媽。 母媽（M^ MA`）。
MA, MA^, ME^	乜	也、亦。 乜好（MA = ME^ = MA^ HO` 退而求次的也 　　　好）。 我乜係（NGAIv ME^ = MA = MA^ HE^ 我也 　　　是）。
MAv MEv	嗎	疑問詞，問話。 好嗎（HO` MAv）？ 有嗎（YU MAv）？ 係嗎（HE^ MEv 是嗎）？ 不嗎（Mv MEv 不要嗎,不去嗎,不肯嗎……）？
MAv	母	1、　指雌性的。 公個母個（GUNG GE^ MAv GE^　公的，雄性 　　　　　的；母的，雌性的）。 雞母（GIE MAv 母雞）。 鴨母（AB` MAv 母鴨）。 狗母（GIEU` MAv 母狗）。 豬母（ZU MAv 母豬）。 2、　常加在單字物名後面的習慣用詞。 舌母（SAD^ MAv 舌頭）。 杓=勺母（SOG^ MAv 瓢杓-大型舀水盛器）。 薑母（GIONG MAv 老的薑）。
MA`	媽	母媽（M^ MA` 媽媽）。
MA`	麼	問詞：什麼？ 麼人（MA` NGINv 什麼人、誰）？ 麼儕（MA` SAv 誰）？

		麼個（MA` GE^ 什麼）？ 做麼個（ZO^ MA` GE^ 做什麼）？ 看麼個（KON^ MA` GE^ 看什麼）？ 麼個東西（MA` GE^ DUNG CI 什麼東西）？
MA^	瑪	瀝青。 黛瑪膠（DA^ MA^ GAU 柏油）。
MAG`	麼	麼個?(MA`＝MAG` GE^ 什麼?)
MA^	嬤	阿嬤（A MA^）：祖母、稱父親的媽媽。
MAD`	襪 袜	著襪=袜（ZOG` MAD` 穿襪子）。 鞋襪=袜（HAIv MAD` 鞋子襪子）。
MAD`	抹	1、 塗、搽。 　　抹粉（MAD` FUN` 搽粉,化妝）。 2、 去掉。 　　抹菸筍（MAD` IAN SUN` 去掉菸葉之外的 　　　　　新芽）。 3、 抹也（MAD` LE`）：抹水泥、石灰或抹漿糊 　　　　　的扁形工具。 4、 被鬼魂附身、被喪家晦氣入侵。 　　會抹人（UOI^ MAD` NGINv 會被鬼魂附 身）。 　　抹到人（MAD` DO` NGINv 喪家的晦氣影響 　　　　　到人）。
MAG`	苣	萵苣,生菜。 苣也（MAG` GE`）。
MAG^ MUD^	搣	1、 棍打。 　　搣畀死（MAG^＝MUD^ BI` CI` 打死他）。 2、 後倒。 　　打倒搣（DA` DO^ MAG^ 仰倒,後腦著地倒 　　　　　下）。
MANv	抿	抿嘴（MANv ZOI^ 緊閉嘴唇）。
MAN^	漫	身上髒垢。 擦漫（TSO^ MAN^ 擦去身上污垢）。
MANG	蒙	遮蓋,蓋住。 蒙面（MANG MIEN^）。 蒙頭（MANG TEUv）。 蒙嘴（MANG ZOI^ 戴口罩）。
MANG	滿	彌滿（MI＝MIv MANG 密合,不漏水、不漏 　　　　　氣、不漏光）。
MANG	猛	煞猛（SAD` MANG 賣力、努力）。
MANG	虻	虻也（MANG NGE`）：會飛入眼睛的小飛蟲。

112

MANGv	未	尚未。 未好（MANGv HO` 還沒好）。 未曾（MANGv TSENv=CHIENv 還沒有）。 未睡（MANGv SOI^ 還沒睡）。 還未來（HANv MANGv LOIv 還沒來）。
MAU`	氂	老人沒有牙齒吃食的動作或樣子。 嘴氂氂（ZOI^ MAU` MAU` 沒有牙齒的老人咬食時，嘴巴凹陷的樣子）。 氂不到來食（MAU`Mv DO` LOIv SD^ 沒有牙齒嚼食困難）。
MAU^	包	全部承攬、全部收買、全部包辦、全部負責。 總包（ZUNG` MAU^ 全部包攬）。 做包事（ZO^ MAU^ SE^ 總包的工作、趕工）。 你包寫,我包貼（Nv MAU^ CIA`, NGAIv MAU^ DIAB`）。
ME	母	阿母（A ME 媽媽）。 戚母（CHIA ME 親家母）。 舅母（KYU ME）。 乃母（IA ME 他的媽媽）。 丈母哀（TSONG ME OI 丈母娘）。
MED` MIED`	覓 摵	1、 尋找。 尋覓（CHIMv MED`）。 2、 搞、做、弄。同「摵」 覓=摵麼個（MED`= MIED` MA` GE^ 搞什麼）。 覓=摵壞矣（MED`= MIED` FAI` IEv 搞壞了）。
MEN`	銘	記憶,回想,思想。 銘到（MEN`DO` 想到,考慮到）。 你銘看哪（Nv MEN`KON^ NA^ 你考慮看看！）
MEU`	淼	水大的樣子。 淼淼茫茫（MEU` MEU` MONGv MONGv）。 淼漫（MEU` MAN^ 山水闊遠無際）。
MEU`	邈	邈邈（MEU` MEU`）：憂悶的樣子。 氣邈邈到（HI^ MEU`MEU`DO` 悶氣難消的樣子）。
MEU`	杳	音信杳然（IM CIN^ MEU`IANv 毫無音訊）。 杳無音信（MEU`Uv IM CIN^ 毫無音訊）。
MI	微	細小: 微細（MI SE^）。 微薄（MI POG^ 很少）。 微笑（MI SEU^ 淺笑、輕笑）。

113

		微意（MI I^ 微薄的情意）。 微生物（MI SEN UD^ 細菌）。
MI MIv	彌	滿。彌滿（MI=MIvMAN=MANG 填滿、蓋滿的，沒有縫隙的）。 　　彌縫（MI=MIv PUNG^ 填補縫隙，沒有縫隙）。
MIv	迷	快轉。 　　迷迷也（MIv MIv IE` 陀螺）。 　　盡迷頭（CHIN^ MIv TEUv 轉動得很快）。
MIv	抹	抹桌抹凳（MIv ZOG` MIv DEN^ 擦桌椅）。 　　抹桌布（MIv ZOG` BU^ 抹布）。
MIv MI^	毛	毛毛雨（MIv MI^ I`）：下不停的細雨。
MI^	覓	覓蜆也（MI^ HAN`NE` 在水中摸尋河蜆）。
MI^	汨	1、在水中摸尋。 　　汨蜆也（MI^ HAN`NE` 在水中摸撿河蜆）。 2、潛入水中。 　　沒淬汨也（MUD^ CHI^ MI^ IE` 游泳時沒入水中）。
MIA	摸	摸看哪（MIA KON^ NA^ 摸摸看）。 　　摸不得（MIA Mv DED` 摸不得、不能摸）。
MIANG	蒙	蒙于石頭上 MIANG NGA^ SAG^ TEUv HONG^ 披在石頭上）。
MIANG	盲	睛盲（CHIANG MIANG 瞎眼，有眼無珠）。 　　發睛盲（BOD` CHIANG MIANG 做惡夢）。
MIANGv	明	清明（CHIANG MIANGv 節候名：清明節，掃墓節）。 　　明年（MIANGv NGIANv 將來的一年）。
MIED`	覓 搣	搞、幹、做。 　　覓=搣麼個（MIED`MAG`GE^ 搞什麼）？ 　　覓=搣壞矣（MIED`FAI` IEv 搞壞了）。
MIENv	糜	嚼碎、搗碎、煮爛。 　　嚼糜（TSEU^ MIENv 嚼碎）。 　　煮糜（ZU` MIENv 煮爛）。 　　糜糜（MIENv MIENv 爛爛的）。 　　糜=靡糜（MUD` MIENv 很爛）。
MIO	摸	摸看哪（MIO KON^ NA^ 暗中摸索看看）。 　　摸日摸夜（MIO NGID`MIO IA^ 日夜窮忙）。
MO	貘	哺乳動物，性柔順，晝伏夜出，似人的猿猴，產於南洋，南美。 　　猳貘（GO MO）：罵人不是人，而是獸類。

114

MOv	冇	沒有、無。 有冇（YU MOv 有沒有）？ 冇錢（MOv CHIENv 沒錢）。 冇閒（MOv HANv 沒有空閒）。 冇成（MOv SANGv 沒有成功、沒有凝結）。 冇影（MOv IANG` 不確實）。
MOv	麼	問話。 好麼（HO` MOv）？ 有麼（YU MOv 有沒有）？ 靚麼（JIANG MOv 美嗎、好看嗎）？
MOI`	磨 耄	無牙的咀嚼。 磨＝耄飯（MOI` FAN^ 無牙的咀嚼飯食）。 磨＝耄番豆（MOI` FAN TEU^ 咀嚼花生米）。
MONG`	罔	退而其次的也好、滿足。 罔食（MONG`SD^ 沒有可吃的，吃這也好）。 罔用（MONG`YUNG^ 只好用了）。 也罔（IA MONG` 也好，退而其次的好，也還可以）。
MONG^	望	眺望（TIAU^ MONG^ 遠看）。 希望（HI MONG^＝UONG^）。 冇望（MOv MONG^ 沒希望）。
MUD`	糜 靡	腐爛。 糜＝靡歇矣（MUD` HED` LEv 腐爛掉了）。
MUN	燜 悶	微火久燉煮食物到乾熱，不使泄氣： 燜＝悶飯（MUN FAN^）。 燜＝悶豬肉（MUN ZU NGYUG`）。
MUNGv	霧	霧氣。 霧霧（MUNGv U^ 濃霧瀰漫）。 霧露（MUNGv LU^ 濃霧）。 霧霧（MUNGv MUNGv 看不清楚）。
MUNG`	懵	懵懂（MUNG`DUNG` 心中不明白）。
MUNG`, BUNG`	捧	捧茶（MUNG`＝BUNG`TSAv 端茶）。 捧碗（MUNG`＝BUNG` UON` 端碗）。 捧飯（MUNG`＝BUNG` FAN^ 端飯）。
Nv	你	你、妳、您、汝。 伊同你（Iv TUNGv Nv 他(他)和你）。 你冇去（Nv MOv HI^ 你沒去）。 你等（Nv DEN`＝DEN＝NEN 你們）。 你若（Nv NGIA 你的）。
NA NA^	若	福佬音：

115

		1、 設使，假如。
		若係（NA＝NA^ HE^ 假如是）。
		若冇（NA＝NA^ MOv 假若無）。
		若愛（NA＝NA^ OI^ 若要）。
		2、 好像。
		手若人個腳一樣（SU` NA＝NA^ NGINv GE^
		GIOG` ID` IONG^ 手像人的
		腳一樣, 比喻遲鈍死板）。
		若人個頭家樣焉（NA＝NA^ NGINv GE^ TEUv
		GA IONG^ NGE 好像人
		的老闆一樣）。
NAv	顱	頭顱（TEUv NAv 頭, 頭顱）。

NA^
NAI^
	哪	1、 問話。
		    哪位（NA^＝NAI^ WI^）：哪裡？
		    哪也（NA^＝NAI^ E`）：哪裡？
		2、 否定。
		    哪有（NA^＝NAI^ YU）：哪有！

NA^	那	那金（NA^ GIM 非常光亮）。 金那那到（GIM NA^ NA^ DO` 亮晶晶的）。
NAD`	灼 燃	火燙。 灼＝燃到手（NAD` DO` SU` 火燙到手）。
NAG`	謔	笑。好謔（HO` NAG` 好笑）。 又嗷又謔（YU^ GIEU^ YU^ NAG` 又哭又笑）。
NAG^	捺 乀	1、 寫字向右下斜的一筆：乀。 一丿一乀（ID` PIED` ID` NAG^）。 2、 緊縮、束縛、勒。     捺一條印（NAG^ ID` TIAUv IANG^ 束緊成一條 深痕）。 用樹奶捺緊（YUNG^ SU^ NEN^ NAG^ HENv 以橡 皮束緊）。
NAM`	揇	抱攬，領養。 揇人（NAM` NGINv 抱人, 領養孩子）。     揇若腰(NAM` NGIA IEU 抱你的腰）。 揇腰跤（NAM` IEU GAU 摔角、相撲すもう）。
NANGv	闌 闌	通「攔 LANv」。 闌＝攔頸焉（NANGv GIANG` NGE 壺瓶中腰較            細的部分）。     闌＝攔中腰（NANGv DUNG IEU 半中腰, 長形            物體的中央部分）。     闌＝攔腰也（NANGv IEU UE` 半中腰, 長形物體

		的中央部分)。
NANG^	躝	腳踩。 用腳躝 (YUNG^ GIOG` NANG^ 用腳踩)。 躝人 (NANG^ NGINv 腳踩人)。
NAU	孬 惱	得人孬=惱 (DED` NGINv NAU 不得人疼愛 )。 孬=惱惜 ( NAU CIAG` 不被愛,或得人疼愛)。
NE^	膩	膩嘴 (NE^ ZOI^ 吃膩了)。
NE^	妮	靚妮妮 (JIANG NE^ NE^ 美麗貌)。
NE^	躡	躡手躡腳 (NE^ SU` NE^ GIOG`輕步行走,不驚動 他人)。
NED`	笏 刺	竹刺或木刺。 竹笏=刺 (ZUG` NED` 竹刺)。 分笏=刺刺到 (BUN NED` CHYUG` DO` 被刺刺到 了)。
NED`	捏	捏人 (NED` NGINv 以兩指甲夾人皮肉)。
NEM	淰	充實、充滿,成熟。 水淰 (SUI` NEM 水滿)。 淰淰 (NEM NEM 滿滿的)。 淰黃 (NEM UONGv 水果熟黃、熟透)。
NEMv	稔	水果熟透時的外實內軟,充滿水分的感覺,腦殼受 撞淤血時,觸摸腫脹處的觸覺: 稔稔 (NEMv NEMv)。
NEM`	淰	淰水(NEM` SUI` 水分過多)。 淰淰 (NEM` NEM` 內中含水多而軟)。 淰肚 (NEM` DU` 內中含水多而軟)。
NEN	恁 等	你恁=你等 (Nv NEN 你們)。 我等 (NGAIv NEN 我們)。
NEN^	奶	同「乳」。 牛奶 (NGYUv NEN^)。 食奶 (SD^ NEN^ 喝奶、吸乳)。 吮奶 (CHION NEN^ 吸奶)。 奶菇 (NEN^ GU 乳房)。
NEUv	釀	稠、液體濃。 粥蓋釀 (ZUG` GOI^ NEUv 稀飯很稠)。 釀釀 (NEUv NEUv):稠稠的不清澈的,不清澈 的。
NEU`	扭	捉、抓、擒拿。 扭賊 (NEU` TSED^ 捉賊)。
NI^	芮	芮芮焉 (NI^ NI^ IE 很小很小的,細小貌)。

117

NOv	撓 捼	兩手搓揉、揉摩，磨碎： 撓=按糜（NOv MIENv 磨碎）。 撓=按索也（NOv SOG` GE`）：把兩股或三股 　　　的麻皮、繩線，搓成一條繩索或一條線。 撓=按圓粄也（NOv IANv BAN` NE` 搓湯圓）。
NOv	蹂	用腳踐踏、搓揉、摧殘： 蹂躪（NOv NANG^ = LIEN^ 以腳踩踩）。 蹂糜（NOv MIENv 用腳磨碎）。
NOv	磨	磨擦、磨亮、磨利。 磨墨（NOv MED^ 研磨黑墨）。 磨金（NOv GIM 磨亮）。 磨尖（NOv JIAM 摩擦使尖端尖銳）。 磨刀也（NOv DO UE` 把刀子磨利）。
NO`	呢	問詞詞尾： 在哪也呢（TSOI NA^ E` NO`？在哪裏呢？） 看麼個呢（KON^ MA` GE^ NO`看什麼呢？）
NO^	糯 穤 稬	糯米（NO^　MI`）：有粘性的稻米，做粄也 　　（ZO^　BAN`　NE`做米粄）用的米。
NO^	懦	懦弱（NO^　NGIOG^ 軟弱，柔弱）。 懦夫（NO^　FU 懦弱沒有氣節的男子）。
NOD`	吶	1、　高聲呼喊。 　　吶喊（NOD` HAM^ = HEM 大聲呼喊）。 2、　吶吶（NOD` NOD` 說話困難貌）。
NOG`	諾 诺	承諾（SNv　NOG`應允）。 應諾（IN^　NOG`答應）。 允諾（YUN　NOG`應允）。 諾言（NOG` NGANv 應允的話）。
NON	暖 煖 煐	使之溫熱。 暖水（NON SUI`加熱使水溫熱）。 暖菜（NON TSOI^加熱使菜溫熱）。 暖酒（NON JIU`加熱使酒溫熱）。
NONG	攮	把木柴架起，使其通風，搧旺火勢。 攮高起來（NONG GO HI` LOIv 架高起來）。
NONG	瓤	瓜果殼裏的柔軟部分： 苦瓜瓤（FU` GUA NONG）。 椰也瓤（IAv E` NONG）。
NONG^	襠	「襠DONG^」的變音。 褲襠（FU^ NONG^ = DONG^）：褲底。
NONG^	妄	「妄UONG^」的變音。

		妄想（NONG^ CIONG` 不合理、不可能的慾望）。 妄費（NONG^ FI^ 亂用，蹧蹋、浪費物資）。 妄歇（NONG^ HED` 蹧蹋、浪費了）。
NU`	努	努嘴（NU` ZOI^ 翹嘴唇表怒）。 嘴努努（ZOI^ NU` NU` 翹著嘴唇，不高興）。
NUG`	恧	恧縮（NUG` SUG` 畏縮不前）。
NUG`	蠕	蠕蠕馬動（NUG` NUG` GE TUNG 虫類不停微動的樣子）。
NUG^	忸	打忸（DA` NUG^ 嚇一跳）。
NUN`	捻	以手指夾著轉動。 捻迷迷也（NUN` MIv MIv IE` 指轉陀螺）。
NUNGv NUNG^	噥	小聲說話不停，自言自語，埋怨的話： 噥噥噥噥（NUNGv NUNGv NUNG^ NUNG^ 低語埋怨）。
NUNGv NUNG^	齈	1、鼻腔長東西。 發鼻齈（BOD` PI^ NUNG^ 鼻腔發病）。 2、齈齈齈齈（NUNGv NUNGv NUNG^ NUNG^ 低聲嘀咕，低語埋怨）。
NGA	吾	我的....親暱稱呼。 吾爸（NGA BA）。 吾哥（NGA GO）。 吾賚也（NGA LAI^ IE` 我的兒子）。
NGAv NGA^	孲	嬰兒： 嬰孲也（ONG = O NGAv = NGA^ E`）。
NGAv	芽	1、植物的種子遇濕長出新苗、新生命。 發芽（FAD` NGAv）。 出芽（TSUD` NGAv 發芽）。 生芽（SANG NGAv 發芽）。 豆芽（TEU^ NGAv 豆菜）。 2、事物的起始。 萌芽（MENv NGAv）。
NGAv	枒	樹上岐出的新芽或分枝： 枝枒（GI NGAv 樹枝的新芽或分杈）。 杈枒（TSA NGAv 樹枝分杈）。
NGAv	涯 厓	1、水的邊際、天邊： 天涯（TIEN NGAv 指遙遠的地方）。 涯限（NGAv HAN^ 邊際）。 涯岸（NGAv NGAN^ 水的邊際）。 2、生活：

119

		生涯（SEN NGAv）。 3、窮盡： 無涯（Uv NGAv 無窮盡）。
NGAv	衙	衙門（NGAv MUNv）：官署、警察局。
NGA`	哇	哭嗷聲： 哇哇嗷（NGA` NGA` GIEU^ 大聲哭）。
NGA^	迓	點油在機器上。 迓油（NGA^ YUv 點油潤滑）。
NGAB^	磕	用前額磕地、磕頭、用頭去碰。 磕死（NGAB^ CI`）。 磕頭（NGAB^ TEUv 磕頭）。
NGAD`	喫 齧 齩 吃 咬	以前齒咬物。 喫析（NGAD` SAG` 將花生米, 豆子等, 咬開一 　　　　半）。 喫斷（NGAD` TON 咬斷）。
NGAD^	齩	1、齩牙（NGAD^ NGAv 磨牙, 上下齒摩擦）。 2、轉動的機件被卡緊、擠緊而不能轉動。 　　齩緊矣（NGAD^ HENv NEv 卡緊了）。
NGAIv	我	人的自稱。
NGAI^	耐	忍耐。 耐不歌（NGAI^ Mv HED^ 耐不住）。 再耐一下添（ZAI^ NGAI^ ID` HA^ TIAM 再忍一 　　　　下）。
NGAM	頷	1、下顎跡撞到。頷到桌角（NGAM DO` ZOG` 　　　　　　　　　　　　　　　GOG`）。 2、下顎。下頷（HA NGAM）。
NGAMv	癌	1、惡性腫瘤、毒瘤。 　　肺癌（FI^ NGAMv）。 　　肝癌（GON NGAMv）。 　　乳癌（NEN^=I` NGAMv）。 　　腸癌（TSONGv NGAMv）。 2、絕症、極難解救的事物。 　　空氣污染係都市之癌。
NGAM`	頷	頷頭（NGAM` TEUv 鞠躬點頭敬禮）。
NGAN	研	長不大的樣子。 研屛（NGAN ZAN）。
NGAUv	聱	歪, 方向不正。 聱頭（NGAUv TEUv 歪頭）。

120

		聱聱（NGAUv NGAOv 歪歪斜斜的，不正）。
NGAUv HAUv	肴 餚	魚肉等已經烹煮的葷菜食物： 　　佳肴=餚（GA NGAUv 美好的菜）。 　　肴=餚饌（NGAUv TSON^ 酒食菜餚）。
NGAU^	傲	轉向，面向。 　　傲左片（NGAU^ ZO` PIEN`面向左）。 　　傲上傲下（NGAU^ SONG NGAU^ HA 面向上下 　　　　看）。
NGI`	耳	1、人和動物的聽覺器官，通稱 　　耳空（NGI` GUNG = KUNG 的變音）或 　　耳公（NGI` GUNG）。 2、指物體兩旁附著的東西。 　　冇耳鑊也（MOv NGI` UOG^ GE`無提耳的鍋 　　　　子）。
NGI`	餌 饵	1、食物： 　　藥餌（IOG^ NGI` 以食物誘引吃藥、藥引、藥 　　　　膳）。 　　食餌（SD^ NGI` 食品）。 2、用米麥做的餅，糕餅： 　　餅餌（BIANG` NGI`）。 3、誘取魚鳥、動物的食物： 　　釣餌（DIAU^ NGI`）。 　　魚餌（NGv NGI`）。 4、以利誘人： 　　餌敵（NGI` TID^ 以利誘敵）。 　　餌以金錢（NGI` I GIM CHIENv）。
NGI`	日	白晝,有日光照耀的白天。 　　日時頭（NGI` S` TEUv）：由「日時頭 NGID` Sv 　　　　TEUv」變音而來。
NGI^	寓	寓所（NGI^ SO` 住家）。 　　公寓（GUNG NGI^ 聚居的住宅）。
NGI^	詣	造詣（TSO^ NGI^）：進修所達到的境界。
NGIA	若	你的(只接在「你」之後)。 　　你若手（Nv NGIA SU`）。 　　你若書（Nv NGIA SU）。 　　你若妹也（Nv NGIA MOI^ IE` 你的女兒）。
NGIA	娘	〔河洛音〕娘 NIAv 的變音。媽。 　　阿娘（A NGIA 媽媽）。
NGIAv	舉	〔河洛音〕舉起。 　　舉手（NGIAv SU`）。 　　舉不高（NGIAv Mv GO）。

NGIA`	迎 惹	迎戰、遇到麻煩事、難應付。 　　迎=惹到矣（NGIA` DO` UEv 遇上了）。 　　迎=惹不橫（NGIA` Mv UANG^ 應付不了）。 　　迎=惹事（NGIA` S^惹事）。 　　迎=惹是非（NGIA` S^ FI惹是非）。
NGIA^	翹	嘴唇向上翻翹。 　　嘴翹翹（ZOI^ NGIA^ NGIA^）。
NGIAB`	攝	一合一開的。 　　攝目（NGIAB` MUG` 眼睛一合一開）。 　　攝影（NGIAB` IANG` 照相:照門一開一合,攝 　　　　取影像）。
NGIAB`	扱	倒捲,摺起。 　　扱褲腳（NGIAB` FU^ GIOG`倒捲褲管）。 　　扱衫袖（NGIAB` SAM CHIU^ 捲起袖子）。
NGIAB`	眨	1、眨目（NGIAB` MUG` 眼睛開合）。 2、閃爍。 　　眨爐（NGIAB` LANG^）:閃電。
NGIAD`	孽	壞事、罪惡、災禍、禍由。 　　造孽（TSO^ NGIAD` 做壞事）。 　　作孽（ZOG` NGIAD` 做壞事）。 　　孽生（NGIAD` SEN）:作姦犯科所生的孩子。 　　孽種（NGIAD` ZUNG`作惡的種子、野種）。
NGIAM	瞼	眼皮。 　　雙瞼目（SUNG NGIAM MUG` 雙眼皮）。 　　單瞼目(DAN NGIAM MUG` 單眼皮）。
NGIAM	拈	1、用手指取東西、撿取。 　　拈柴（NGIAM TSEUv 撿柴）。 　　拈香（NGIAM HIONG 以指取香粉祭拜）。 　　拈鬮（NGIAM KIEU 抓鬮、抽籤）。 　　拈飯糁（NGIAM FAN^ SAM` 撿取飯粒）。 　　拈籤也（NGIAM CHIAM ME` 抽籤）。 　　拈燒怕冷（NGIAM SEU PA^ LANG 處世優柔 　　　　寡斷,沒有定見）。 2、拾遺、撿到東西。 　　拈到一包錢（NGIAM DO` ID` BAU 　　　　CHIENv）。
NGIAMv	釅	茶酒味濃。 　　釅茶（NGIAMv TSAv 濃茶）。 　　酒釅（JIU` NGIAMv 酒很濃）。
NGIAMv	黏	黏貼（NGIAMv DIAB` 膠付、膠貼）。 　　黏性（NGIAMv CIN^ 膠黏使附著的特性）。

		黏人（NGIAMv NGINv 黏著在人身上，小孩纏人不放）。
NGIAMv	蚒	蚒蛇（NGIAMv SAv 無毒茶色大蛇，又名南蛇）。
NGIAMv	鮎鯰	鮎=鯰也（NGIAMv ME` 鮎=鯰魚。頭大尾小的硬骨魚，像土虱，無角，無鱗，多黏質的淡水魚）。
NGIAM^	鯰	蝌蚪，蛙的幼蟲。 蛙鯰也（GUAI` NGIAM^ ME`）。
NGIAN	齦	牙齦肉（NGAv NGIAN NGYUG` 牙齦）。
NGIANv NGIENv	凝	1、 液體受冷結成固體： 凝固（NGIANv=NGIENv GU^ 結成固體）。 凝結（NGIANv=NGIENv GIAD` 結成固體）。 2、 注意力集中： 凝神（NGIANv=NGIENv SNv 聚精會神）。 凝視（NGIANv=NGIENv S^ 目不轉睛地注視）。
NGIAN`	撚搵	以手指壓捏、掐捏。 撚手（NGIAN` SU` 捏手的痠痛處）。 撚穩（NGIAN` UN` 壓緊，捏緊）。 搵骨（NGIAN` GUD` 指壓）。 撚㸆死（NGIAN` BI` CI` 將他捏死）。
NGIAN^	癮	因嗜好成了習慣的癮性。 煙癮（IAN NGIAN^ 抽菸的癮性）。 酒癮（JIU` NGIAN^ 喝酒的癮性）。 癮頭（NGIAN^ TEUv 嗜好成的癮性）。 過癮（GO^ NGIAN^ 滿足某癮性的愛好）。
NGIAN^	讞	1、 公平審判案件。 2、 已經判定的罪案： 定讞（TIN^ NGIAN^）。
NGIANG^	迎	相對怒視或相對示愛。 牛相迎（NYUv CIONG NGIANG^ 兩牛怒目相對，相對示愛）。 迎矣一下晝（NGIANG^ NGEv ID` HA ZU^ 相對了一下午）。
NGIANG^ ZANG^	才	才會、才能、才好： 想好才去（CIONG` HO` NGIANG^=ZANG^ HI^）。 食飽才來（SD^ BAU` NGIANG^ LOIv 吃過飯再來）。 愛食飯才會大（OI^ SD^ FAN^ NGIANG^=ZANG^

123

		UOI^ TAI^ 要吃飯才會長大）。
NGIANG^	硬	「硬 NGANG^」的變音。偏偏。 　　硬不聽（NGIANG^ Mv TANG 偏不聽）。 　　硬硬愛（NGIANG^ NGIANG^OI^ 偏偏要）。
NGIANG^	剛	剛剛、才。 　　剛去一下咧（NGIANG^ HI^ ID`HA^ LE 才去一會 　　　　兒）。 　　這下剛來（IA`HA^ NGIANG^ LOIv 這時剛 　　　　來）。 　　剛坐下來（NGIANG^ TSO HA LOIv）。
NGIAUv	喵	貓叫。貓喵（MEU^ NGIAUv 貓叫,人講話小聲使人 　　聽不清楚)。
NGIAUv NGIEU`	藕	1、蓮的地下莖： 　　蓮藕（LIENv NGIAUv= NGIEU`）。 　　藕斷絲連（NGIAUv= NGIEU` DON^ S LIENv 喻 　　　　情意沒有完全斷絕)。 2、藕絲（NGIAUv= NGIEU` CI）：植物生長不良的 　　樣子。
NGIAU`	踇	踇腳（NGIAU`GIOG` 跛腳）。
NGID^	軋	車輪、機器缺油、或開門聲。 　　軋喵（NGID^ NGUAD^）。
NGIE^	蟻	蟻蚣（NGIE^ GUNG 螞蟻）。
NGIE^	艾	艾也（NGIE^ E`艾草,常用於針灸、薰炙和殺 　　蟲）。 　　艾菜（NGIE^ TSOI^ 茼萵菜）。
NGIE^	詣	造詣（TSO^ NGIE^ 進修所達到的境界)。
NGIEM^	奄 苒	病弱。 　　奄奄＝苒苒（NGIEM^ NGIEM^ 病弱、衰弱的樣 　　　　子）。 　　奄弱＝苒弱（NGIEM^ NGIOG^ 病弱貌）。
NGIEUv	饒	饒恕（NGIEUv SU^ 寬容、寬恕）。 　　饒人（NGIEUv NGINv 寬恕人）。 　　饒命（NGIEUv MIANG^懇求赦免自己的死）。 　　富饒（FU^ NGIEUv 豐富、富足）。
NGIEU`	繞	繞道（NGIEU` TO^ 迂迴）。 　　繞襲（NGIEU` CIB^ 繞道襲擊）。 　　圍繞（WIv NGIEU` 包圍）。 　　環繞（FANv＝KUANv NGIEU`）。 　　纏繞（TSANv NGIEU`環繞）。 　　繞樑（NGIEU` LIONGv 形容音樂動人之深,讓

		人低迴不已）。 繞膝（NGIEU` CHID` 形容老年人子孫眾多）。
NGIEU`	偶	1、恰巧、湊巧。 偶然（NGIEU` IANv）。 偶遇（NGIEU` NGI^ 偶然碰見）。 偶發（NGIEU` FAD` 湊巧發生）。 2、雙數。如： 偶數（NGIEU` SU^）。 3、夫妻。如： 配偶（PI^ NGIEU`）。 4、偶像（NGIEU` CIONG^）：a、人造的像。 b、盲目信仰的對象。
NGIEU^	翹	翹嘴（NGIEU^ ZOI^ 嘴唇上翹）。 翹起來（NGIEU^ HI` LOIv 向上翹）。
NGIM`	妊 姙	妊娠（NGIM` ZN`＝SN 懷孕）。 妊婦（NGIM` FU^ 懷孕的婦人）。 避妊（PID` NGIM` 避免懷孕）。
NGIO	揉	用手壓搓。 揉人（NGIO NGINv 小孩搓揉父母）。 揉鹹菜（NGIO HAMv TSOI^ 加鹽搓揉酸菜）。 揉紙團（NGIO Z` TONv 將紙張揉成紙團）。 揉歇矣（NGIO HED` LEv 揉掉了，病死了）。
NGIOG`	虐	1、苛毒、殘暴。 虐待（NGIOG` TAI^）。 虐政（NGIOG` ZN^ 凶狠殘暴的政治）。 2、用網捉鳥，使鳥自投羅網。 虐鵰也（NGIOG` DIAU UE` 以網捉鳥）。 3、抓昆蟲。 虐洋尾也（NGIOG` IONGv MI IE 手抓蜻蜓）。 4、虐人（NGIOG` NGINv）：被穀芒或其他刺激性 東西刺激皮膚引起的不適或過敏。 虐蠱（NGIOG` CIOG` 被穀芒或其他刺激性東西 刺激皮膚引起的不適或過敏或不適）。
NGIONGv	釀	酒釀（JIU` NGIONGv 釀酒的酵母）。
NGIONG`	怎	如何? 怎樣? 為何? 怎會（NGIONG` UOI^ 怎麼會）? 怎焉（NGIONG` NGE 怎麼樣、如何）? 怎般（NGIONG` BAN 怎樣）?
NGIONG`	嚷	1、喧鬧： 吵嚷（TSAOv NGIONG` 大聲吵鬧）。 喧嚷（CIEN NGIONG` 喧鬧）。

125

		2、叫喊：
		喊嚷（HEM NGIONG`叫喊）。
NGIONG`	壤	1、大地、鬆土：
		土壤（TU` NGIONG`地土）。
		2、地區：
		接壤（JIAB` NGIONG`地區接鄰）。
NGIONG^	釀	釀酒（NGIONG^ JIU`製酒）。
		醞釀（YUN^ NGIONG^事情逐漸演化形成。）
NGIONG^	讓	讓位（NGIONG^ WI^將職位禮讓給賢能者）。
		讓人（NGIONG^ NGINv謙讓給別人）。
		讓步（NGIONG^ PU^退一步不與人爭）。
		讓路（NGIONG^ LU^讓路給人走）。
		讓座（NGIONG^ TSO^讓座位給人）。
		讓渡（NGIONG^ TU^把財產權轉移給別人不
		計報酬）。
NGOv	哦	口中扁桃腺腫。
		發哦（BOD` NGOv）。
NGO^	昂	頭向上仰。
		頭昂昂（TEUv NGO^ NGO^仰著頭）。
		昂起來（NGO^ HI` LOIv頭仰起來）。
NGOG`	愕	傻、笨、遲鈍。
		愕愕（NGOG` NGOG`傻傻,呆呆）。
		恁愕（AN` NGOG`這麼笨！）
NGOIv	獃 呆	愚笨、不靈活。通「呆」。
		獃獃=呆呆（NGOIv NGOIv傻傻呆呆的）。
NGOG^	鱷	鱷魚（NGOG^ NGv不是魚,屬爬蟲綱,像蜥蜴
		的兩棲動物,生長在熱帶亞熱帶沼澤地
		的 Alligator(英), el Lagarto(西)。
NGOG^	熬	熬夜（NGOG^ IA^整夜工作未睡）。
NGOI^	礙	阻礙（ZU` NGOI^阻擋）。
		礙眼（NGOI^ NGIAN`阻擋視線或對事情的發展
		有所妨礙)。
		礙手礙腳（NGOI^ SU` NGOI^ GIOG`因為有
		阻礙,無法順利達成任務）。
		妨礙（FONGv NGOI^妨害阻礙）。
NGONG	頜 顎	植有牙齒的上下顎骨、牙床。
		上顎=頜（SONG^ NGONG 上顎骨、上牙床）。
		下顎=頜（HA NGONG 下顎骨、下牙床）。
		下頜=顎(HA NGONG)。
NGONG	昂	挺挺昂（TEN` TEN` NGONG 平躺仰臉睡、仰

		游）。 昂首（NGONG　SU` 抬頭）。 昂貴（NGONG　GUI^ 價錢高,漲價）。
NGONG^	戇	愚笨、傻獃、剛直。 戇也（NGONG^ NGE` 傻子、傻瓜）。 戇牯（NGONG^ GU` 傻男孩）。 戇戇（NGONG^ NGONG^ 傻傻笨笨地）。
NGU^	娛	娛樂（NGU^ LOG^ 可做為快樂消遣的事）。 彈琴自娛（TANv KINv TS^ NGU^ 彈琴自己快 　　　　樂消遣）。
NGU^	誤	1、 錯失。 錯誤（TSO^　NGU^ 不對的）。 誤殺（NGU^　SAD` 因為錯失,殺害了無辜的 　　　　人）。 誤傷（NGU^　SONG 並非有意傷害）。 誤筆（NGU^　BID` 寫錯）。 2、 因自己錯失,使人受害。 誤人子弟（NGU^　NGINv　Z`　TI^）。
NGU^	悟	1、 明白: 省悟（SEN` NGU^ 反省覺悟）。 領悟（LIANG NGU^ 明瞭）。 悟性（NGU^　CIN^ 從一般概念去認識理解事 　　　　物的性能，又稱識性）。 悟道（NGU^　TO^ 對宗教的道理有所領悟）。 2、 啟發: 啟悟（KI` NGU^ ）。 3、 由迷惑轉為清楚: 覺悟（GOG` NGU^）。
NGU^	晤	見面: 會晤（FI^　NGU^ 會面）。 晤面（NGU^　MIEN^ 會面）。 晤談（NGU^　TAMv 面談）。 晤對（NGU^　DUI^ 面對面會晤）。
NGUAD^	齾	車輪、機器、開門缺油聲。 軋齾（NGID^ NGUAD^）。
NGUANv	頑	固執難化。 頑固（NGUANv GU^）。 頑童（NGUANv TUNGv 孩童淘氣）。
NGUAN`	玩	1、 嬉戲。 玩耍（NGUAN` SA`）。 玩物（NGUAN` UD^ 玩具）。

		2、戲弄。 玩弄（NGUAN` NUNG^）。 玩笑（NGUAN` SEU^ 戲弄取笑）。 3、研究。 玩味（NGUAN` MI^）。 4、欣賞。 賞玩（SONG` NGUAN` 欣賞觀看）。 5、古董。 古玩（GU` NGUAN`）。
NGUI`	偽	虛偽（HI NGUI`虛假）。 偽裝（NGUI` ZONG 虛假的作為和掩飾、保護色）。 偽證（NGUI` ZN^ 假的證據）。 偽造（NGUI` TSO^ 假冒真品製造，以冒充真貨）。 偽詐（NGUI` ZA^ 作假欺詐）。
NGYU`	扭	用力擰轉。 扭斷（NGYU` TON 擰斷）。 扭嘴角（NGYU` ZOI^ GOG`揪擰嘴角）。 扭皺（NGYU` JIU^）：人的性情多挑剔、不穩定、這樣也不好，不滿意，那樣也不好，不滿意。
NGYUN`	紉	以針線縫。 縫紉（FUNGv NGYUN`）。 縫紉機（FUNGv NGYUN` GI 裁縫機、針車）。
NGYUN^	韌	柔軟堅牢、能伸縮、不易斷的。 韌性（GYUN^ CIN^）。 堅韌（GIAN NGYUN^）。 韌韌（NGYUN^ NGYUN^ 咬起來不脆酥,像咬橡皮的口感）。
NGYUNG^	襛	繩線鬆弛。 襛襛（NGYUNG^NGYUNG^繩索鬆鬆）。 放襛來（BIONG^ NGYUNG^ LOIv 放鬆下來）。
O	屙	屙屎（O S`大便）。 屙尿（O NGIAU^ 小便）。
O	垮	崩蹋。 垮歇矣（O HED` LEv 垮掉了）。
O ZO	齷 齪 骯	齷齪（O ZO 不清潔。） 骯髒（O ZO 不清潔，又音 ONG ZONG。） 腌臢（O ZO 同"骯髒"）。

128

	髒 腌 臢	
O HOv	嗚 呼	嗚呼！壞唎！（O HOv！FAI^ LE！哎呀！糟 了！）
O，ONG	嬰	嬰孲也（O＝ONG NGAv E`嬰兒）。
Ov	吽	食量大。 吽牯（Ov GU`食量大的男子）。
Ov	哄	哄睡矣（Ov SOI^ IEv 哄孩子睡覺睡了）。
Ov	蚵	牡蠣。 蚵也（Ov UE`）。 蚵煎（Ov JIEN 以粉菜和卵煎牡蠣的食物）。
O`	襖	上身穿的短厚寒衣。 襖也（O` UE`厚寒衣）。 棉襖（MIENv O`）。 長襖（TSONGv O`）。
O^	嘔	反胃、吐的聲音。 嘔嘔滾（O^ O^ GUN` 嘔吐聲）。
OD`	遏	擋風、擋水、遏止。 遏水（OD` SUI`阻擋水路）。 遏風（OD` FUNG 擋風）。 遏止（OD` Z` 阻擋）。 遏不贏（OD` Mv IANGv 抵擋不住）。
OI	哀	母親。 爺哀（IAv OI 父母）。 哀也（OI IE`母親）。 兩子哀（LIONG` Z` OI 母子倆）。
ONG	嬰	嬰兒： 嬰孲也（ONG＝O NGAv E`）。
ONG	央	〔河洛變音〕 中央（DUNG ONG 中心部分）。 蒂中央（DI^ DUNG ONG 中心重心部分）。
ONG`	盎	身體壓在硬物上。 盎到石頭（ONG` DO` SAG^ TEUv）。
ONG^	盎	盎撞（ONG^ TSONG^）：不聽話、頂撞長輩。
PA	扒	以筷子送飯入口。 扒飯（PA FAN^）。
PAv	扒	1、趁人不備，偷竊人身上的財物。 扒手（PAv SU`）。

		2、用手或耙聚攏東西。 扒草（PAv TSO`）。 3、搔。 扒癢（PAv IONG 搔癢）。
PAv	耙	聚攏草、穀芒、稻草等的，帶齒農具。 耙也（PAv E`耙草用具）。 耙草（PAv TSO`用手或耙聚攏草）。 耙田（PAv TIENv 把水田耙平）。 犁耙（LAIv PAv 犁田和耙田的農具）。
PAv	跁	嬰兒匍匐。 七坐八跁（CHID` TSO BAD` PAv 嬰兒七個月大 時會坐，八個月大時會跁行）。
PAv	扒	扒手（PAv SU`趁人不備，偷竊人身上的財 物）。 扒癢（PAv IONG 搔癢）。
PA`	椏 枒 派	1、樹枝。樹椏＝樹枒（SU^ PA`）。 2、派別。一派人（ID` PA` NGINv 一個宗族、一個 派別）。
PA^	帕	1、用於擦手臉或包頭的布。 手帕（SU` PA^ 手巾）。 面帕（MIEN^ PA^臉巾,面巾）。 2、長衫的前片稱為 衫帕（SAM PA^）。用長衫的前片包東西也叫 「帕」。 帕豆也（PA^ TEU^ UE` 以衫帕包豆子）。
PAD`	刈	割草。 刈草（PAD` TSO`）。
PAD`	潑	以勺散水。 潑水（PAD` SUI` 以勺子舀水潑地或潑菜）。 潑尿（PAD` NGIAU^ 舀水肥潑菜）。
PAD`	搧 撥	搧＝撥扇也（PAD`SAN^ NE`）：搧扇子。 搧＝撥涼（PAD` LIONGv）。 搧＝撥風（PAD` FUNG）。
PAD^	拂	拂拭灰塵、撣。 凳也拂淨來(DEN^ NE` PAD^ CHIANG^ LOIv 凳子 撣乾淨)。 拂塵灰（PAD^ TSNv FOI 拂去灰塵）。 拂蚊也（PAD^ MUN NE` 揮趕蚊子）。
PAD^	潑	大量冒出： 潑汗（PAD^ HON^ 大量冒汗、冒冷汗）。

130

		潑血（PAD^ HIAD` 大量濺血、射血）。
PAD^	脖	頸項。 脖鍊（PAD^ LIEN^ 項鍊）。
PAG^	啪	狀聲字，爆炸聲。 辟啪（PID` PAG^ 爆裂響聲）。 拷啪(靶)也（KAU` PAG^ GE` 打靶、打靶聲）。
PAIv	簰 桴	浮水筏。 竹簰=桴也（ZUG` PAIv IE` 竹子編成的浮筏）。 過簰=桴也（GO^ PAIv IE` 乘筏渡河）。 撐簰=桴也（TSANG^ PAIv IE` 在水中撐浮筏）。
PAI^	稗	稗也（PAI^ IE` 雜草。與稻秧、麥秧雜生在田 中，其幼苗與稻麥極其相似）。
PONG PAI^	澎 湃 豐 沛	澎湃（PONGv = PONG PAI^）：a、水勢洶湧。 　　　　　　　　　　　b、飲食豐盛。 豐沛（PONG PAI^食物豐盛）。
PAN	絆	被繩索阻礙、用腳阻擋，使人絆倒。 絆橫人（PAN UANG^ NGINv 繩索使人絆倒）。
PAN	伴	作陪。 作伴（ZO^ = ZOG` PAN）。 陪伴（PIv PAN）。 冇伴（MOv PAN 沒有伴侶）。
PAN	拚	1、兩人相搏。： 拚橫（PAN UANG^摔角倒下）。 2、用力摔倒人或摔死動物。 拚蛙也（PAN GUAI` IE`摔死小青蛙）。 3、鞭打。用皮帶拚（YUNG^ PIv DAI^ PAN）。
PAN	攀	1、抓住別的東西向上爬。 攀登（PAN DEN）。 攀緣（PAN IANv 依附他物使身體上升、心志不 堅）。 攀援（PAN IAN 依附他物使身體上升）。 攀牆（PAN CIONGv 越牆）。 2、牽扯。 攀扯（PAN TSA`）。 攀談（PAN TAMv 引人與自己談話）。 3、挽留。 攀留（PAN LIUv）。 4、企求關係： 高攀（GO PAN 與人共事而自謙：企求更高關

		係）。
		攀親（PAN CHIN 議論婚嫁）。
PANv	攀	攀籬吊壁（PANv LIv DIAU^ BIAG` 到處攀登）。 攀朧（PANv KIAv 像蜘蛛一般，到處攀登）。
PAN^	拚	不顧惜。 拚命（PAN^ MIANG^ 不顧惜生命）。 拚死（PAN^ CI` 不惜犧牲生命）。
PAN^	襻	衣服、襖褂扣住衣鈕的圈套： 鈕襻（KIEU^ PAN^ 衣鈕的套環）。
PANG	嗙	嗙風（PANG FUNG 打氣、充氣、自誇吹牛）。 嗙頦（PANG GOI 鼓大脖子吹氣球、生氣）。 嗙頦蛇（PANG GOI SAv 眼鏡蛇）。
PANG	氛	氣味： 氛臭（PANG＝PUNG TSU^ 非常臭的氣味,惡 臭）。
PANGv	棚	架設。 棚頂（PANGv DANG` 架設在頭上的樓板）。 棚起來（PANGv HI` LOIv 高架起來）。
PANG`	浮	浮標。 浮也（PANG` NGE`）。 浮跳（PANG` TIAUv）：生氣而暴跳。
PANG`	蹦	蹦跳（PANG` TIAUv）：生氣而暴跳。
PANG^	胖 秕	不充實,只一半的肉。 胖胖（PANG^ PANG^）。 秕秕（PANG^ PANG^ 不充實,沒有實粒）。 秕穀（PANG^ GUG` 不充實、沒有米粒的穀）。 秕頭（PANG^ TEUv 花花公子,只崇尚時髦,只重 外表的人）。
PANG^	甏	瓦缸。 甏缸（PANG^ GONG 盛水的大瓦缸）。 大甏（TAI^ PANG^ 盛水的大瓦缸）。
PAUv	袍	1、內裏置棉花的衣服、大形外衣。 棉袍（MIENv PAUv）。 長袍（TSONGv PAUv）。 詩袍（S PAUv 唱詩歌穿的長袍）。 龍袍（LYUNGv PAUv 皇帝穿的黃色繡龍的外 袍）。 2、軍中共患難的朋友。 袍澤（PAUv TSED^）。
PAUv	鉋	削平木材或削皮的工具稱為 鉋也（PAUv UE`）。

132

	刨 鑢	鉋平（PAUv PIANGv）。 瓜鉋也（GUA PAUv UE` 削瓜皮用的鉋刀）。 鉋板也（PAUv BIONG NGE` 鉋平木板）。
PAU^	皰 疱	面部或皮膚上凸起的小泡。 面皰（MIEN^ PAU^）。 水皰（SUI` PAU^ 水泡）。
PAU^	泡	泡茶（PAU^ TSAv 用滾水沖泡）。 浸泡（JIM^ PAU^ 浸在液體中使入味）。 泡菜（PAU^ TSOI^ 泡漬現吃的蔬菜）。
PAU^	包	車馬包=炮（GI MA PAU^）：象棋子。
PED^	白	明白（MINv PED^ 了解，知曉）。 白露（PED^ LU^）：二十四節候之一，在每 　年的陽曆九月七或八日。
PED^	蔔 卜	蘿蔔=卜（LOv PED^ 吃根的蔬菜，白色菜 　根）。 蘿蔔粄（LOv PED^ BAN` 粳米漿摻蘿蔔絲,蒸 　熟的米粄）。 紅蘿蔔（FUNGv LOv PED^ 紅色菜根,英文： 　carrot．西文：zanahoria．日文：にん 　じん。
PEN	烹	煮燒食物。 烹飪（PEN IM^）。 烹調（PEN TIAUv 用煎炒煮炸蒸燉等方法燒 　食物）。
PENv	堋	田間土堤。 堋頭（PENv TEUv）。
PEUv	浮	1、漂在水面、與「沉」相反。 漂浮（PEU PEUv）。 浮沉（PEUv TSMv 浮起或沉沒）。 浮浮（PEUv PEUv 向上浮輕飄飄的樣子）。 浮雲（PEUv YUNv 漂浮在天上的雲）。 浮舟（PEUv ZU 浮在水上的小船）。 浮屍（PEUv S 浮起的屍體）。 浮起來（PEUv HI` LOIv）。 浮圓粄也（PEUv IANv BAN` NE`煮浮湯圓）。 2、油炸食物。 浮油（PEUv YUv 油炸）。 浮魚也（PEUv NGv NGE` 油炸魚）。
PEUv	漂	1、沖洗： 漂洗（PEUv SE`）。 漂白（PEUv PAG^ 加藥料洗滌使潔白）。

		2、同「漂 PEU」及「浮 PEUv」。浮在水面。
PEU`	漂	漂漂焉講（PEU` PEU` UE GONG`淡淡地說）。
PEU^	泡	同「泡 PAU^」。 起泡（HI` PEU^皮膚表面因磨擦而起或長出的水泡）。 出水泡（TSUD` SUI` PEU^）：小孩子全身出的水珠。
PEU^	皰 疱	皮膚或臉部突起的泡泡。 水皰（SUI` PEU^）。 面皰（MIEN^ PEU^）。
PI	被	睡覺時蓋在身上保暖的棉被。 蓋被（GOI^ PI 覆蓋棉被）。 被單（PI DAN 包棉被的外層棉布）。 被骨（PI GUD` 包在被單裡的厚棉被）。 被蓆（PI CHIAG^ 被子和草蓆）。
PI	披	1、衣服搭罩在身上而不穿。 披風（PI FUNG 批在身上的無袖防風罩衣）。 2、洗好的衣服掛在曬衣處。 披衫（PI SAM）。 3、在頭頂上。 披星戴月（PI SEN DAI^ NGIAD^ 喻夜間趕工）。 4、散開。 批頭散髮（PI TEUv SAN^ FAD` 頭髮散亂）。
PI	婢	老婢也（LO` PI IE` 佣人，女奴，婢女）。
PI PIv	虵 蠜	吸血臭蟲： 虼虵（GON PI 在床、被、蓆中吸人血的臭蟲） 或 虼蠜（GON PIv）：在床、被、蓆中吸人血的臭蟲。
PI`	片 㛷	薄片。 田螺片（TIENv LOv PI`）。 薄片也（POG^ PI` IE`）。
PI`	鄙	鄙視（PI` S^看不起）。 卑鄙（BI PI` 低劣淺陋、人格低下）。
PI^	被	受： 被害（PI^ HOI^ 受人陷害）。 被告（PI^ GO^被人提起訴訟，是接受訟案的事人）。 被動（PI^ TUNG^ 動作非出於己意，主動之反）。

		被選權（PI^ CIEN` KIANv 受人推舉出來選舉的被選的權利）。
PI^	屁	從肛門排出的氣。 打屁卵（DA` PI^ LON` 放屁）。 打臭屁（DA` TSU^ PI^ 放臭屁）。
PI^	嗅 齅	嗅覺、嗅香臭。 嗅香（PI^ HIONG 嗅聞香味）。 嗅臊（PI^ SO 嗅聞臊味）。 冇嗅到臭（MOv PI^ DO` TSU^ 沒嗅到臭味）。 嗅看哪（PI^ KON^ NA^ 聞聞看、嗅嗅氣味）！
PI^	濞 涕	通「涕 TI^」： 濞水（PI^ SUI` 鼻涕）。 流濞（LIUv PI^ 流出鼻液）。 搌濞（SEN^ PI^ 搌鼻涕）。
PI^	佩	1、掛、帶、戴、插。 佩戴（PI^ DAI^）。 佩帶（PI^ DAI^）。 佩掛（PI^ GUA^）。 玉佩（NGYUG^ PI^ 佩掛在身上的玉石）。 佩劍（PI^ GIAM^ 佩掛在身上的劍）。 佩刀（PI^ DO 掛在腰間的刀）。 2、敬服。 佩服（PI^ FUG^）。 欽佩（KIM PI^ 欽敬佩服）。
PI^ PID`	譬	以比喻的方法告訴人。： 譬喻（PI^=PID` I^ 比如、比方）。 譬如（PI^=PID` Iv 比如、比方）。
PIAG`	劈	用大刀或斧頭大力破開。 劈死（PIAG` CI`）。 劈開（PIAG` KOI 以大刀切破）。 劈斷（PIAG` TON 以大刀砍斷）。
PIAG`	癖	對某種事物的特別偏好、使人難受的、特別不正常的脾氣。 酒癖（JIU` PIAG`）。 怪癖（GUAI^ PIAG`）。
PIAG^	霹	1、信號槍、小鞭炮等的爆炸聲。 霹聲（PIAG^ SANG）。 2、彈簧、橡皮等反彈。 會霹人（UOI^ PIAG^ NGINv 會彈到人）。 霹到人（PIAG^ DO` NGINv 彈到人）。
PIANG	帡	稈帡（GON` PIANG 稻草織成的整片遮蔽物）。

PIANGv	平	平地（PIANGv TI^）。 平原（PIANGv NGIANv）。 平平（PIANGv PIANGv 尋常而無特異之處，平 坦，該凸起的沒有凸起）。 平輩（PIANGv BI^ 同一輩分）。 平鼻（PIANGv PI^ 鼻樑不高）。 平分（PIANGv FUN 平均分配）。 平等（PIANGv DEN` 不分階級一律同等相 待）。 不平（Mv PIANGv 不平坦）。 平順（PIANGv SUN^ 平靜順暢）。 平高（PIANGv GO 一樣高）。 平大（PIANGv TAI^ 一樣大）。 平長（PIANGv TSONGv 同樣長）。
PID`	疋 匹	一疋布（ID` PID` BU^），也作 一匹布（ID` PID` BU^）。 布疋（BU^ PID`稱織類），也作 布匹（BU^ PID`）。
PID`	闢	開闢（KOI PID`開拓）。 闢戶（PID` FU^ 開立門戶）。 闢地（PID` TI^ 開拓土地）。 闢土開疆（PID` TU` KOI GIONG 開拓疆 土）。 闢謠（PID` IEUv 消滅謠言）。 闢除（PID` TSUv 消除）。 闢邪（PID` CHIAv 排斥邪說）。
PID^	蝠	蝠婆（PID^ POv）：蝙蝠。
PIED`	撇 丿 丿	撇棄（PIED` HI^＝KI^捨棄不管）。 撇下（PIED` HA^遺留下）。 一撇一捺（ID` PIED` ID` NAG^ 寫字運筆： 向左下運行的一筆「丿、丿」，稱 為撇（PIED`），向右下的一筆稱為 「捺╲NAG^」。
PIEN	偏	1、歪斜、不正。 偏離（PIEN LIv）。 偏差（PIEN TSA 差錯）。 偏左（PIEN ZO`）。 偏向（PIEN HIONG^ 歪向）。 偏方（PIEN FONG 非正式的藥方、秘方）。 偏旁（PIEN PONGv 文字左右邊的單獨筆 劃）。

		偏走矣（PIEN ZEU` UEv 歪向一邊了）。 2、表示相反。 　偏偏（PIEN PIEN 故意）。 　偏偏不去（PIEN PIEN Mv HI^ 硬是不 　　　　去）。 3、不公平、側重一面。 　偏心（PIEN CIM）。 　偏見（PIEN GIAN^ 固執己見）。 　偏愛（PIEN OI^ 特別喜愛一方）。 　偏私（PIEN S 偏袒徇私）。 　偏重（PIEN TSUNG^ 側重）。 　偏頗（PIEN PO` 頑固而不公正）。 　偏袒（PIEN TAN` 私護、露出一肢手臂）。 4、偏到腳（PIEN DO` GIOG` 因踩到石頭、湖窟 　　　或用力不當,扭傷腳踝）。 5、偏房（PIEN FONGv 非正室的一房）。
PIENv	便	便宜（PIENv NGIv 或 PIENv NGINv「便人」價 　錢低廉）.
PIEN^	弁	弁當（PIEN^ DONG 日本語稱:盛著飯菜的飯盒 　為便當）。 弁護（PIEN^ FU^ 辯護,日文的「辯、辨、瓣」 　等字）。 弁別（PIEN^ PED^ 辨別）。
PIN^	劈	劈蔗尾（PIN^ ZA^ MI 快刀砍切甘蔗的尾 　葉）。 劈樹椏（PIN^ SU^ PA` 砍掉小樹枝）。
PO	泡	密集的泡沫。 　起泡（HI` PO）。 　洴泡（BUD^ PO 冒出泡沫）。
POG^	雹	冰雹。雲遇冷,凝聚成塊,從天隨雨降下。 　落雹（LOG^ POG^ 降下冰雹）。 　冰雹（BEN POG^ 空中的水分遇冷凝結成顆粒 　　降落的冰塊)。
POG^	箔	金屬薄片、薄膜。 　金箔（GIM POG^ 薄膜金片）。 　銀箔（NGYUNv POG^銀薄膜）。
POI	胚	未完成的器物、尚未成熟者。 　胚胎（POI TOI 一個月的身孕。種子的嫩芽。事 　情的開始)。 　豬胚也（ZU POI IE`）: 中型的肥豬,尚未長大 　的豬。

		後生胚也（HEU^ SANG POI IE`）年輕小伙子;是 從豬胚也：正在成長的豬,引申為 年輕的青年。
POI^	焙	烘、烤。 火焙（FO` POI^ 以火微烤）。 烘焙（HANG POI^ 烘烤火焙）。 焙茶（POI^ TSAv 烘焙茶葉）。
POI^	背	背誦、暗記。 背書（POI^ SU 全篇熟記後,不看而口誦）。
PON	反 翻	反胃,吐。 反飯（PON FAN^）。 想愛反=翻（CIONG` OI^ PON 想吐）。 反=翻飯（PON FAN^ 吐出飯）。 反=翻血（PON HIAD` 吐血）。
PONG	抨	1、攻擊他人過失。 抨擊（PONG GID` 攻擊）。 2、用手大力槌。 抨門（PONG MUNv 槌門,敲門）。 抨人（PONG NGINv 以拳打人）。
PONGv	膀	腫起的肉塊。 起膀（HI` PONGv 被蜂、蚊螫刺的腫起處）。
PONG^	胖	不充實的,鼓鼓的。 胖胖（PONG^ PONG^）。
PONG^	膨	漲大、腫起。 膨大（PONG^ TAI^ 放大）。 膨起來矣（PONG^ HI` LOIv IEv 膨漲起來了）。 膨風（PONG^ FUNG 漲氣、吹牛）。 膨線（PONG^ CIEN^ 毛線）。
PONG^	放	放大。 放大（PONG^ TAI^ 放大）。 放鏡（PONG^ GIANG^ 放大鏡、望遠鏡）。
PU	瀑	滿溢出。 瀑出來（PU TSUD` LOIv 滿溢出來）。 瀑布（PU BU^ 流水像一疋布從高處滿溢出來, 就像"匹練"一詞：一匹白絹,形容瀑 布）。
PUv	瓠 瓢	瓠=瓢也（PUv UE` 瓠瓜）。 瓠=瓢勺（PUv SOG^ 老瓠瓜切半,做成的勺 子）。
PUv	鍑	鍑鑼（PUv LOv 舊時煮飯的飯鍋）。 蟾鍑鑼（SAMv PUv LOv 蟾蜍）。

138

PUv	脯	胸脯（HYUNG PUv 胸部隆起的肉）。
PUv	符	符詁（PUv GAU^ 符咒）。
PU`	醭	臭醭（TSU^ PU` 發霉的異味）。 出醭（TSUD` PU` 長菇）。
PU`	脯	魚脯也（NGv PU` UE 小魚乾）。
PU`	瞀	「瞀 GU`」的變音。 1、眼瞎。 　目瞀（MUG` PU`＝GU`）。 2、瞀瞀焉（PU` PU` UE 約略知悉。對某人、某物 　　或某事，如眼瞎的人，似見未見地， 　　似懂非懂地，約略知道）。
PU^	孵 菢	卵生動物用身體覆蓋卵，以體溫使卵內胚胎發育出 生稱為 　孵＝菢卵（PU^ LON`）。 　孵＝菢雞春（PU^ GIE TSUN 孵雞蛋）。
PU^	匍	埋伏窺視而捕捉。 　貓匍老鼠（MEU^ PU^ LO` TSU`）。
PUD^	瀑	溢出、冒出。 　瀑出來（PUD^ TSUD` LOIv）。 　瀑水（PUD^ SUI` 水滿出來，冒出水來）。
PUD^	浡	「浡 BUD^」的變音。噴出、湧出、冒出。 　浡水（PUD^＝BUD^ SUI` 湧出水）。 　浡屎（PUD^＝BUD^ S` 肛門出屎，放屁帶出 　　屎）。
PUG`	仆	向前跌倒仆地。 　仆倒（PUG` DO` 面向下倒下）。 　盒盒仆（AM` AM` PUG 身體、面向下）。
PUG^	伏	臉面向下、身體也向下。 　伏地（PUG^ TI^）。 　伏到（PUG^ DO` 伏著）。 　伏案（PUG^ ON^ 在桌上低頭讀寫，伏在桌 　　上）。 　伏于桌上（PUG^ GA^ ZOG` HNG^ 伏在桌 　　上）。
PUI^	呸	呸痰（PUI^ TAMv 吐談）。 　呸口涎（PUI^ HEU` LAN 吐口水）。
PUN	賁	厚。「薄」的相反。 　賁薄（PUN POG^ 厚薄）。 　賁皮（PUN PIv 厚的表皮）。
PUNv	歕	歕＝噴風（PUNv FUNG 以口吹風）。

	噴	歕＝噴喇叭（PUNv LAB` BA^ 吹喇叭）。
PUNG	鋒	鋒利（PUNG LI^）：器物尖利。
PUNG	氛	氛臭（PUNG TSU^ 惡臭，非常臭）。
PUNG^	硑	硑硑滾（PUNG^ PUNG^ GUN` 發怒大聲罵人）。
PUNG^	蓬	蓬白（PUNG^ PAG^ 非常白）。
Sv	匙	開鎖的鑰匙。 鎖匙（SO` Sv）。
S`	笥	肚笥（DU` S` 肚子）。
S^	蒔	栽種植物。 蒔田（S^ TIENv 插秧在田中）。 蒔秧（S^ IONG 插秧）。
S^	豉	豆豉（TEU^ S^）：黑豆煮熟、發菇後加鹽糖，封蓋蔭製成的調味品、醬菜。
S^	嗜	嗜好（S^ HAU^ 因喜好，漸成習慣）。 嗜酒(錢)如命（S^ JIU` (CHIENv) Iv MIANG^ 喜好喝酒[錢財]，如同自己的性命）。
S^	飼 饲	飼養（S^ IONG 餵養）。 飼料（S^ LIAU^ 餵養牲畜的食料）。
S^	嗣	1、子孫： 後嗣（HEU^ S^）。 嗣子（S^ Z` 親生兒子、長子，嫡嗣）。 2、繼承、接續： 嗣立（S^ LIB^）。 嗣位（S^ WI^ 繼位）。 嗣歲（S^ SUI^ 來年）。 嗣續（S^ CYUG^ 後代的子嗣）。 3、從此： 嗣後（S^ HEU^ 從此以後）。
S^	屎	屎窟（S^ FUD` 排屎的窟窿 a、排屎的洞穴，肛門。 b、屁股、臀部）。 屎窟壢（S^ FUD` LAG` 屁股溝）。
SA	奢	1、不節儉、過度浪費。 奢侈（SA TS`）。 奢華（SA FAv 浮華奢侈）。 奢靡（SA MI` 花錢不知節儉）。 2、過分： 奢望（SA MONG^＝UONG^ 過度盼望）。 奢願（SA NGIAN^ 過度盼望）。

		奢言（SA NGIANv 過度誇口）。 奢鼻（SA PI^ 很神氣、喜歡別人誇讚的樣 子）。 3、姓。
SA	杉	杉木（SA MUG` 杉樹）。
SA	抄 挲	抓拿。 隨手抄（SUIv SU` SA 隨手抓走）。 濫橬挲（LAM`SAM` SA 亂抓亂拿、不加選擇、 不加思索地隨便拿）。
SAv	儕 侪	1、同輩的人。 吾儕（NGv SAv 我們）。 2、算人的數詞。如： 一儕（ID` SAv 一個人）。 兩儕（LIONG` SAv 兩個人）。 幾下儕（GI` HA SAv 好幾個人）。 幾多儕（GI` DO SAv 幾個人）？ 伊等恁多儕（Iv IEN AN` DO SAv 他們幾 個人）。 3、麼儕（MA` SAv）：誰？ 儕儕（SAv SAv 每人，人人）。
SA^	續	1、接續： 續下去（SA^ HA HI^）。 續于下（SA^ A^ HA 接著）。 續落去（SA^ LOG^ HI^ 連續下去,接下去）。 2、順便： 續手（SA^ SU` 順手）。 順續（SUN^ SA^ 順手繼續）。 3、相反地，卻，反而。 喊伊來，伊續走歇矣！（HEM Iv LOIv, Iv SA^ ZEU`HED` LEv！叫他來，他反而走掉 了！）
SAB`	攝 眨	攝=眨目珠（SAB` MUG` ZU 合眼）。 目攝攝=眨眨（MUG` SAB` SAB` 眼睛閉著）。 攝氏（SAB` S^：Celsius 發明寒暑溫度器的瑞 典人，他發明以零度為冰點，以一百度為 沸點的溫度器）。
SAB`	拾	收拾（SU SAB` 破壞）。 拾碎（SAB` SUI^ 粉碎）。
SAB^	氽 燙	放在水中煮燙。 氽=燙粽也（SAB^ ZUNG^ NGE` 以水煮燙粽子 使熟）。

		籴=爨包黍（SAB^ BAU CYUG` 以水煮燙玉蜀黍使熟）。
SAD`	塞	塞（SED`）的變音。遮滿，蓋滿，封閉。 蒙塞（MANG SAD` 蓋滿，遮滿）。 弇塞（GIEMv SAD` 蓋緊，使不透氣）。
SAD`	煞	很、極。 煞猛（SAD` MANG 做事很賣力，很努力工作）。
SAD^	蝕	減少。 消蝕（SEU SAD^）。 蝕斤兩（SAD^ GIN LIONG 減少重量）。
SAG`	縮 嘰	縮=嘰粄漬（SAG` BAN` TSE^ 將液體米漿的水分吸乾成為固體）。
SAG`	閃	「閃 SAM`」的變音。 閃到腰（SAG` DO` IEU 閃了腰）。 閃到水（SAG` DO` SUI` 潛水時，水進了肺部）。
SAG`	析	裂開的木塊。柴析（TSEUv SAG`）。
SAG`	磋	裂開的碎片。 瓦磋（NGA` SAG` 瓦片）。
SAI	食	「吃食」的土話。 食飽矣（SAI BAU` UEv 吃飽了）。
SAIv	豺	貪食之獸。 豺狼（SAIv LONGv）。 豺豺（SAIv SAIv）：肚腸中缺少油脂的感覺。
SAI`	徙	遷移。 遷徙（CHIEN SAI` 搬遷）。 徙位（SAI` WI^ 移動位置）。 徙屋（SAI` UG` 搬家）。 徙居（SAI` GI 移居）。 貓徙竇（MEU^ SAI` DEU^ 貓搬家、形容人的遷徙不定）。 徙上徙下（SAI` SONG SAI` HA 多次遷徙）。
SAI^	塞	1、邊境險要： 邊塞（BIEN SAI^ 邊關要塞）。 要塞（IEU^ SAI^ 邊關）。 塞外（SAI^ NGOI^ 邊界外）。 2、塞翁失馬（SAI^ UNG SD` MA 喻禍福時常互轉，現在的禍，或變成將來的

		福：比喻人因禍得福）。
SAI^	齰	吝齰（NGAI^ SAI^ 不願花錢、不肯施捨）。
SAMv	蟬	蟬也（SAMv ME` 蟬、蜘蟟）。 秋蟬（CHIU SAMv 秋天晚上鳴叫的蟬）。 蟬蛻（SAMv TUI^ 比喻掙脫束縛）。 蟬連（SAMv LIENv 連續,連任）。 蟬聯（SAMv LIENv 連續）。
SAMv	禪	坐禪（TSO SAMv 打坐,和尚打坐）。
SAMv	蟾	蟾蜍（SAMv TSUv）：俗稱 蟾鹵鑼（SAMv PUv LOv 蟾蜍）。
SAM`	閃	閃電（SAM` TIEN^ 雷電、霎娘，比喻迅 　　　　速）。 閃開（SAM` KOI 偏著身體避躲,避開）。 閃避（SAM` PID` 避開）。
SAM`	糝	飯糝（FAN^ SAM` 跌落的飯粒）。
SAM^	贍	贍養（SAM^ IONG 供給衣食養育）。
SAN	搧	1、用手巴掌批打面頰： 　搧一巴掌（SAN ID` BA ZONG`）。 2、搖扇： 　搧風（SAN FUNG）。引申為挑撥、鼓動： 　搧動（SAN TUNG^ 挑撥、鼓動）。 　搧惑（SAN FED^ 挑撥、鼓動、誘惑）。
SAN`	散	1、研碎的藥粉。 　胃散（WI^ SAN` 治胃藥粉）。 　藥散（IOG^ SAN` 藥粉）。 2、零碎的。 　散工（SAN` GUNG 零工）。 　散裝（SAN` ZONG 零裝）。
SAN^	擅	1、自作主張、專權。 　擅權（SAN^ KIANv 專權）。 　擅自（SAN^ TS^ 獨斷獨行）。 2、專長、專精。 　擅長（SAN^ TSONGv 專精,專門）。
SANG	生	生個（SANG GE^ 活的）。 還生（HANv SANG 還活著）。 活生（FAG` SANG 活生生的）。 生死（SANG CI` 生與死）。 生日（SANG NGID`誕生日）。 生卵（SANG LON` 生蛋）。 生春（SANG TSUN 生蛋）。

143

		生菇（SANG GU 發霉）。 生毛（SANG MO 長出毛髮）。 生鬚（SANG CI 長出鬍鬚）。 生鹵（SANG LU 生鏽）。 生成（SANG SANGv 與生俱來的）。 翻生（FAN SANG 復活）。 返生（FAN` SANG 復活）。 雙生（SUNG SANG 學生）。 先生（CIN SANG）。 學生（HOG^ SANG）。 生熟（SANG SUG^ 未熟的和已熟的）。 生疏（SANG SU）。 生份（SANG FUN^ 陌生）。 後生（HEU^ SANG 年輕、年輕人），意即： 後生也（HEU^ SANG NGE` 年輕人、後來出 　　　生的）。 生番豆（SANG FAN TEU^ 未炒熟的花生 　　　米）。 生豬肉（SANG ZU NGYUG` 生的豬肉）。 生溜苔（SANG LIU TOIv 長青苔）。 生正矣（SANG ZANG^ NGEv 早就準備好的， 　　　生成的）。 生牯也（SANG GU` UE` 公的壯牛）。
SANG	星	零星（LANGv SANG 零碎物件）。
SANG	鉎	鉎鐵（SANG TIED` 鑄鐵）。 鉎鑊也（SANG UOG^ GE` 生鐵鑄成的鍋 　　　子）。
SANG`	省	省錢（SANG` CHIENv）。 省儉（SANG` KIANG^ 節儉）。
SANG^	覘 盛	(福佬音) 覘勢=盛勢（SANG^ SEv）：氣勢凌人，高傲。
SAU	誚	譏諷。 誚鄙（SAU PI`）：諷刺鄙視。 講話誚人（GONG` FA^ SAU NGINv 講話諷刺 　　　人）。
SAU	捎	切除、鋸斷： 捎短（SAU DON`）：切短。 捎樹尾（SAU SU^ MI 切短高樹的枝葉）。 捎齊來（SAU TSEv LOIv）：把它剪齊。
SAUv	汆	「汆 SAB^」的變音。在滾水中煮燙。 汆麵（SAUv MIEN^ 煮燙麵條）。

144

SB`	濕	潮濕（TSEUv SB`）。
		濕氣（SB` HI^）。
		濕濕（SB` SB` 濕淋淋的，有水分）。
		滴濕（DAB^ SB` 濕到滴水）。
		濕滴滴到（SB` DAB^ DAB^ DO` 濕淋淋的）。
		淋濕（LIMv SB` 被水淋濕）。
		浸濕（JIM^ SB` 浸在水中濕了）。
SE	絲	水中石草。
		生絲（SANG SE 長水草）。
SE	舐	用舌舔。
		舌母舐（SAD^ MAv SE 用舌舔）。
		舐盤也（SE PANv NE`）。
		狗舐個（GIEU` SE GE^ 狗舔的，比喻洗得不乾淨）。
SE	誚	以苛刻言詞譏諷。
		誚灼（SE NAD`：尷誚 KAU SE`）。
		分人誚矣（BUN NGINv SE Ev 被人譏諷了）。
SEv	伸	伸出。
		伸出來（SEv TSUD` LOIv 軟長物，不覺中伸露出來）。
		伸螺也（SEv LOv UE` 蝸牛：身體伸出殼外的螺）。
SE`	誚	尷誚（KAU SE`：誚灼 SE` NAD`，譏諷）。
SE^	事	工作、事情。
		做事（ZO^ SE^）。
SE^	婿	婿郎（SE^ LONGv 女兒的丈夫、女婿）。
		夫婿（FU SE^ 妻稱夫）。
		老妹婿（LO` MOI^ SE^ 妹婿）。
		孫婿（SUN SE^ 孫女婿）。
SEB`	圾	塵沙污物廢棄物。
		圾也（SEB` BE` 廢棄污物）:
		地圾（TI^ SEB` 垃圾）。
SEB`	澀	澀澀（SEB` SEB` 不潤滑，苦澀的滋味）。
		苦澀（KU` SEB` 帶苦、難嚥的滋味）。
SEB`	蝨	發蝨母（BOD` SEB` MAv 長蝨子）。
		狗蝨（GIEU` SEB` 長在狗身上的蝨子）。
SEB^	扱	拳打。
		扱人（SEB^ NGINv 揍人）。
		扭來扱（NEU` LOIv SEB^ 抓來打）。
SEM^	沁	酷冷。

145

		烏黝沁（U DU^ SEM^ 酷寒天氣）。
		沁沁顫（SEM^ SEM^ ZUN 凍得不停發抖）。
SEN	甥	外甥（NGOI^ SEN 姐妹的兒子）。
		外甥女（NGOI^ SEN NG` 姐妹的女兒）。
SENv SEN^	齴	齒咬。
		狗會齴人（GIEU` UOI^ SENv=SEN^ NGINv 狗會咬人）。
SEN^	搵	捏住鼻子，以氣逼出鼻涕。
		搵涕＝潷（SEN^ PI^ 搵鼻涕）。
SEU	餿	食物不新鮮的酸味，變味：
		臭餿（TSU^ SEU）。
SEU	蒐	蒐集（SEU CIB^ 搜集，聚集）。
		蒐羅（SEU LOv 搜求羅致）。
		蒐輯（SEU CIB^ 搜集）。
		蒐證（SEU ZN^ 搜集證據）。
SEU	搜	搜尋（SEU CHIMv 尋覓）。
		搜求（SEU KYUv 尋找）。
		搜查（SEU TSAv 四處檢查）。
		搜索（SEU SOG` 搜查）。
		搜集（SEU CIB^ 搜尋收集）。
		搜袋也（SEU TOI^ IE` 搜查袋子）。
SEU^	湊	裝配。
		湊落去（SEU^ LOG^ HI^ 裝進去）。
		湊桌腳（SEU^ ZOG` GIOG` 裝桌腳）。
		湊不緊（SEU^ Mv HENv 裝不緊）。
		湊不入（SEU^ Mv NGIB^ 裝不進去）。
SEU^	鞘	刀鞘（DO SEU^ 刀套）。
SEU^	肖	1、類似。
		唯妙唯肖（WIv MEU^ WIv SEU^ 模仿人事物，巧妙得和真實的幾乎一樣）。
		2、肖像（SEU^ CIONG^）：畫像、相片。
		3、不肖（BUD` SEU^）：a.不賢。b.兒子不似父親。
		4、生肖（SEN＝SANG SEU^）：以鼠、牛、虎、兔、龍、蛇、馬、羊、猴、雞、犬、豬十二種動物定地支年號，如：子年是鼠年，丑年是牛年。並以此十二種動物記表人的出生年。如：
		肖虎（SEU^ FU` 虎年出生的）。
		肖雞（SEU^ GIE 雞年出生的）。
SEU^	嘯	1、動物的長吼聲。

		虎嘯（FU`SEU^ 老虎長聲吼叫）。 2、發出長聲。 　　海嘯（HOI`SEU^ 海底地震時，海床發生垂直變 　　　　動，所發生的一連串周期極長的大浪向各 　　　　方傳播的現象。日語稱"津波つなみ"）。
SN	娠	懷孕。 　　有娠矣（YU SN NEv 有身孕了）。
SN^ SUN^	腎 肾	在腰旁脊骨後兩旁的，分解血液中的廢料化成尿液 的器官： 　　腰也（IEU UE` 腰子）。 　　膁腎（IAM` SN^ 腎臟）。 　　腎臟（SN^ TSONG^ 腰子）。 　　腎虛（SN^ HI 精氣衰弱）。 　　腎虧（SN^ KUI 精氣虧損）。 　　腎結石（SN^ GIAD` SAG^ 腎臟中結有石 　　　　塊）。
SNv, SUNv	滣	水邊。 　　河滣（HOv SNv＝SUNv 河邊）。 　　海滣（HOI` SNv 海邊）。 　　滣口（SNv HEU` 入口處）。
SNv, SUNv	塍	田塍（TIENv SNv 田間小路）。
SN^ SUN^	剩 賸	剩＝賸餘（SN^ lv 多餘）。 　　過剩-賸（GO^ SN^ 多餘）。
SO	唆	指使策動人去做傻事或非法的事。 　　教唆（GAU SO）。 　　唆使（SO S`）。 　　唆慫（SO SUNG` 慫恿唆使）。 　　唆是弄非（SO S^ NUNG` FI 挑撥是非）。
SO	挲	1、以手撫摩搓揉： 　　挲面（SO MIEN^ 打扮臉、撫摩臉）。 　　挲草（SO TSO` 雙足跪在稻田中，雙手搓揉田 　　　　泥除草）。 　　挲平（SO PIANG 以手抹平）。 2、挲鹽（SO IAMv）：在整塊肉、魚上抹鹽。
SO	臊	人或動物身上難聞的臭味。魚味曰腥 CIANG，肉味曰 臊 SO。 　　臭臊（TSU^ SO 身體有異味）。 　　狐臊（FUv SO 脅下的濃臊味）。 　　汗臊（HON^ SO 汗臭味）。 　　腥臊（CIANG SO 魚腥肉臊）。

147

SO	嗦	囉唆（LO　SO）：話多。麻煩。
SO	騷	風騷（FUNG　SO　淫蕩、輕浮）。 騷擾（SO　IEU` 擾亂）。 騷動（SO　TUNG^ 擾亂,不安靜）。
SOv	趖	蟲爬，動作緩慢。 蟲也趖（TSUNGv NGE` SOv　蟲爬）。 恁趖（AN`SOv　動作這麼慢）。
SOD`	刷	1、削簽條用的切籤用具。 　番薯刷（FAN SUv SOD`）。 　刷番薯（SOD`FAN SUv　削成地瓜簽）。 2、粉刷、塗抹用具。 　漆刷也（CHID` SOD` LE`油漆刷子）。
SOD^	吸 吮	吸吮。用口吸空氣、吸液體或吸物體。 吸=吮空氣（SOD^ KUNG HI^）。 吸=吮入去（SOD^ NGIB^ HI^）：吸進去。 吸=吮到蚊也（SOD^ DO`MUN NE`吸到蚊 　　子）。
SOD^	煞	完畢、結束。 煞矣（SOD^ LEv　結束了）。 煞戲（SOD^ HI^　戲演完了）。 煞台（SOD^ TOIv　台上的戲演完了）。 煞歇矣（SOD^ HED` DEv　停止了）。 大雨煞矣（TAI I` SOD^ DEv　大雨停了）。
SOG`	嗍	以口吸取或以紙、乾布、草灰等吸乾： 嗍燥（SOG` ZAU　吸乾）。 嗍水（SOG` SUI`　吸水,吸乾）。 燥嗍（ZAU SOG`）：乾燥。
SOG`	塑	1、用土、石膏、化學可塑料等做成東西。 　塑造（SOG` TSO^）。 　塑像（SOG` CIONG^　塑造人像）。 　雕塑（DIAU　SOG`　雕刻塑造）。 2、塑膠（SOG`　GAU）：Plastic,泛指高分子有 　　機化合物製造而成的固體原料。
SOG^	勺 枸	1、一種有柄的舀水、舀湯、舀液體的水瓢： 　勺也（SOG^ GE`勺子）。 　勺母（SOG^ MAv　舀水的水瓢）。 　瓠勺（PUv SOG^　用乾燥的瓠也 PUv UE`切半做 　　成的勺子）。 2、嘴勺勺（ZOI^ SOG^ SOG^）：注意力太過集中, 　　至使嘴巴張開像勺子一般。
SOI	衰	1、由強盛而微弱。事物發展轉向沒落。

		衰弱（SOI NGIOG^）。 衰退（SOI TUI^ 由盛而弱）。 衰老（SOI LO` 年老力微）。 衰微（SOI MI 微弱、勢弱）。 衰敗（SOI PAI^）。 衰落（SOI LOG^）。 年老力衰（NGIANv LO` LID^ SOI）。 2、運氣不佳、倒霉。 衰運（SOI YUN^ 霉運）。 恁衰（AN` SOI 這麼倒霉）。 盡衰（CHIN^ SOI 很倒霉）。 衰潶（SOI CIAUv 倒霉）。
SOI	鰓 鰓	魚類的呼吸器。 頦鰓（HOIv SOI 魚鰓）。
SOI	顋 腮	面頰、就是嘴巴兩旁的部分。 頦腮（HOIv SOI）。
SON	栓	1、瓶塞。 栓塞（SON SED` 塞緊）。 木栓（MUG` SON 軟木塞）。 2、木釘。 3、器物上用作開關的機件。 消防栓（SEU FONGv SON 消防用水的開 關）。
SON	拴	用繩子繫上、縛繫。 拴牛（SON NGYUv 繫牛,妥牛）。 拴馬（SON MA 繫馬）。
SON	閂	1、閂門的橫木。 門閂（MUNv SON）。 2、插上門閂。 閂門（SON MUNv 以閂插門）。
SON	痠	肌肉過度疲勞或身體某部因病引起的疼痛無力的感 覺。 痠軟（SON NGION）。 痠痛（SON TUNG^）。 腰痠背痛（IEU SON BOI^ TUNG^）。
SONG`	爽	1、明亮、清亮。 清爽（CHIN SONG`）。 秋高氣爽（CHIU GO HI^ SONG` 秋天氣候 涼爽）。 2、乾脆、痛快、豪放。

149

		豪爽（HOv SONG`）。 直爽（TSD^ SONG`）。 爽朗（SONG` LONG 性情開朗）。 3、違背。 爽約（SONG` IOG` 違背約定）。 4、舒服。 爽快（SONG` KUAI^）。 涼爽（LIONGv SONG`）。 高爽（GO SONG` 地勢高而清爽）。
SONG`	上	裝上。 上樑（SONG` LIONGv 把屋樑裝上去）。 上鞋（SONG` HAIv 把鞋面與鞋底釘在一起）。 上上去（SONG` SONG HI^ 推上去、裝上 去）。
SONG`	損	「損 SUN`」的變音。消耗損失。： 打損（DA` SONG` 浪費、損耗）。 耗損（HO SONG` 損失、耗費、浪費）。
SONG`	喪 丧	1、失去。 喪失（SONG` SD`）。 喪生（SONG` SEN 失去生命）。 喪志（SONG` Z^ 失去志氣）。 喪膽（SONG` DAM` 極端畏懼）。 2、情緒低落。 沮喪（GI SONG` 灰心、失望、失色貌）。 喪氣（SONG` HI^ 意志消沉）。 3、指人夭折，喪失幼兒。 喪歇矣（SONG` HED` DEv 幼兒失掉了）。
SU	甦	死而復活。 甦醒（SU CIANG`）。 復甦（FUG^ SU 復活）。
SU	酥	1、鬆而易碎。 酥餅（SU BIANG`）。 魚酥（NGYUG` SU 乾酥的魚鬆）。 肉酥（NGYUG` SU 乾酥的肉鬆）。 酥酥（SU SU 酥脆易斷的感覺）。 2、身體痠軟無力。 酥軟（SU NGION 痠軟）。 酥麻（SU MAv 痠軟麻痺）。 3、柔膩光澤。 酥髮（SU FAD` 形容頭髮光潤）。 酥胸（SU HYUNG 形容女子胸前肌膚光

		潤）。
SUv	悚	悚悚（SUv SUv）：不活潑、無精打采貌。
SU`	墅	1、田舍： 田墅（TIENv SU`）。 2、除住宅外,建在清靜優雅處,供休閒的房舍： 別墅（PED^ SU`）。
SU`	墅	1、田舍： 田墅（TIENv SU`）。 2、除住宅外,建在清靜優雅處,供休閒的房舍： 別墅（PED^ SU`）。
SU^	賜 賜	1、賞、給。 賞賜（SONG` SU^ 賞給）。 恩賜（EN SU^ 高位者送給低位者的東西；上 帝給人的特殊才能）。 賜予（SU^ I 贈送給與）。 厚賜（HEU^ SU^ 厚厚的賞給）。 賜福（SU^ FUG` 賞賜幸福、福氣）。 賜顧（SU^ GU^ 來光顧）。 賜信（SU^ CIN^ 來信）。 2、有求於人的敬詞。 賜教（SU^ GAU^ 來教導）。
SUG^	贖 贖	1、用財物換回抵押品。 贖身（SUG^ SN 用錢換回失去自由的人）。 贖刑（SUG^ HINv 以錢財消除罪名）。 2、彌補抵償。 贖罪（SUG^ TSUI^ 以金錢或行動抵回罪 過）。
SUI	荽	芫荽（IANv SUI＝CI 一種結頭香菜,葉、莖、 頭都有香 味）。
SUN`	榫	榫頭（SUN` TEUv 器物接合處凸出的部分）。 榫眼（SUN` NGIAN` 器物接合處凹入的部 分）。
SUNG`	㩳	向前推。 㩳不上（SUNG` Mv SONG 推不上去）。 㩳上崎（SUNG` SONG GIA^ 推上坡）。 出力㩳（TSUD` LID^ SUNG` 用力推）。
SUNG`	慫 慫	從旁鼓舞推動： 慫恿（SUNG` YUNG` 以話激動唆使他人去做某 事）。 唆唆慫慫（SO SO SUNG` SUNG` 以話激動

		唆使他人去做壞事）。
SUNG`	聳 竦	1、驚駭、驚動。 聳動（SUNG` TUNG^ 驚動）。 聳聽（SUNG` TANG 駭人的聽聞）。 聳懼（SUNG` KI` 恐懼）。 聳人聽聞（SUNG` NGINv TANG UNv 故意 　　　　　誇大言詞，以造成驚駭效果）。 2、隆起。 高聳（GO SUNG` 高起）。 聳峙（SUNG` S^ 高高挺立）。 聳立（SUNG` LIB^ 高高挺立）。 聳肩（SUNG` GIEN 抬起雙肩表示無奈或無話 　　　可說）。
TAB`	蹋	不愛惜東西、侮辱他人，故意耗散妄費。 蹧蹋（ZAU TAB`）。 蹧蹋人（ZAU TAB` NGINv 侮辱人）。
TAB`	貼	補貼。 貼秤頭（TAB`=DAB` TSN^ TEUv 再加多一點， 　　　　使斤兩足夠的附屬物）。 貼錢（TAB` CHIENv 倒貼錢,虧本）。
TAG`	紮	綑綁，打結。 紮結（TAG` GIED` 打結）。 紮索也（TAG` SOG` GE` 結繩結）。 紮鞋帶也（TAG` HAIv DAI^ IE` 綁鞋帶）。
TAG^	笛	樂器，嗩吶。 笛也（TAG^ GE` 嗩吶）。 吹笛（TSOI TAG^ 吹嗩吶）。
TAG^	糴	買進糧食。賣出糧食叫「糶（TIAU^）」。 糴米（TAG^ MI` 買米）。 糴穀（TAG^ GUG` 買穀）。 糴糧（TAG^ LIONGv 買進糧食）。
TAI	探 遞	藤類植物攀爬蔓延。 探=遞藤（TAI TENv 藤類蔓生）。
TAIv	屠	（河洛音）殺、革職。 屠頭（TAIv TEUv 殺頭、革職）。 屠雞屠鴨（TAIv GIE TAIv AB` 殺雞殺鴨）。
TAI`	剔	刮削。 剔皮（TAI` PIv 削皮）。 剔魚片（TAI` NGv PIEN` 薄切生魚片）。
TAI^	怠	1、懶惰。 懶怠（LAN TAI^）。

		怠工（TAI^ GUNG 不認真做工）。
		怠惰（TAI^ TO^ 懶惰）。
		2、不經意、簡慢。
		怠慢（TAI^ MAN^ 待客疏忽簡慢）。
		3、疏忽。
		怠忽（TAI^ FUD` 懶惰忽略）。
TAM	淡	不鹹不甜、味道淡薄。
		淡淡（TAM TAM 味道不濃）。
		冇鹹冇淡（MOv HAMv MOv TAM 不鹹不甜，沒味）。
		淡忘歇矣（TAM UONG^ HED` LEv 現在變音為 TIAM BIONG^ HED` LEv 忘記了）。
TAM	探	遠取。
		探手（TAM SU` 伸手過去）。
		探身（TAM SN 伸長或越過身體）。
TAMv	燂	1、以火熱之：
		燂燒來（TAMv SEU LOIv 將茶、湯置於爐灶上加熱使溫熱）。
		2、火燂煤（FO` TAMv MOIv 燒焦後的剩餘物質）。
TAM`	撢	1、尋取：
		撢取（TAM` CHI` 探取）。
		2、訪候：
		撢候（TAM` HEU^ 探候）。
		3、試探：
		試撢（TS^ TAM` 試探）。
		4、伺察：
		伺撢（S^ TAM` 伺察）。
		5、拂去灰塵：
		撢塵（TAM` TSNv）。
		雞毛撢＝撢（GIE MO TAM` 雞毛撢子）。
TAM^	探	在河上架橋、向高處架梯。
		探橋也（TAM^ KIEUv UE`架橋）。
		探梯也（TAM^ TOI IE`架梯子）。
TAN	癱瘓	肢體麻痺、神經障礙，不能行動的病。
		癱瘓（TAN FON^）。
		發癱風（BOD`TAN FUNG 癱瘓的人；懶惰,不願做事的人）。
TAN`	袒禮	1、裸露。
		袒胸（TAN` HYUNG 露出胸部）。

		2、 庇護。
		袒護（ TAN` FU^ ）。
		偏袒（ PIEN TAN` ）。
		3、 心中無私、無秘密。
		袒白（ TAN` PAG^ 坦白 ）。
TANGv	埕	曬穀物的平坦地。
		禾埕（ UOv TANGv ）。
		稻埕（ TO^ TANGv 禾埕 ）。
TANGv	堂	「堂 TONGv」的變音。
		堂下（ TANGv HA 大廳、正廳 ）。
TEB^	踏	踏實（ TEB^ SD^ 堅實 ）。
TED`, TIED`	忒	太過。
		忒大（ TED`=TIED` TAI^ 太大 ）。
		忒細（ TED`=TIED` SE^ 太小 ）。
		忒狹（ TED`=TIED` HAB^ 太窄 ）。
		忒長（ TED`=TIED` TSONGv 太長,過長 ）。
TENv	膯	跟隨。
		膯人走（ TENv NGINv ZEU` 跟在人後走，被拐 　　　　　　走 ）。
		莫膯我（ MOG^ TENv NGAIv 別跟著我 ）。
TEN^	挺	挺手（ TEN^ SU`幫忙 ）。
		莫挺伊（ MOG^ TEN^ Iv 別理他,別惹他 ）。
		🗌 🗌 🗌 🗌
TEN^	稱	配稱。
		畚箕不稱樑（ BUN^ GI Mv TEN^ TSANG^ 畚箕 　　　　　　不配與禮樑配、不相稱 ）。
		稱伊不到（ TEN^ Iv Mv DO` 與他不匹配,不相 　　　　　　稱 ）。
TEU`	黈	增加，混合。
		黈水（ TEU` SUI` 加水混合 ）。
		黈漆（ TEU` CHID` 混合油漆 ）。
TEU`	透	1、 通過。
		透氣（ TEU` HI^ 呼吸,透空氣 ）。
		2、 透大氣（ TEU` TAI^ HI^ ）：a、深呼吸。b、 　　　　　　嘆氣。
TEU^	毒	「毒 TUG^」的變音。下毒。
		毒死（ TEU^ CI` 下毒使之死亡 ）。
		毒人（ TEU^ NGINv 下毒使人死亡 ）。
		毒老鼠（ TEU^ LO^ TSU` 以毒藥毒死老 　　　　　　鼠 ）。
TI^	遞	1、 傳送。

		傳遞（TSONv TI^）。 遞信（TI^ CIN^ 傳信）。 遞解（TI^ GIAI` 押送罪犯）。 2、更換、補缺。 遞補（TI^ BU`）。 遞代（TI^ TOI^ 更換替代）。 遞用（TI^ YUNG^ 更換使用）。 遞加（TI^ GA 依次序增加）。 遞減（TI^ GAM` 依次減少）。
TIAB`	墊 貼	襯托在底下的東西，同「貼 TIAB`」： 墊=貼底（TIAB` DAI`）。 墊=貼腳（TIAB` GIOG` 墊在腳下）。 墊=貼錢（TIAB` CHIENv 代付錢款，貼錢，賠 本）。 墊=貼補（TIAB` BU` 貼補）。 墊=貼枕頭（TIAB` ZM` TEUv 墊在頭下）。
TIAB^	疊 叠	1、層層堆積。 疊穀包（TIAB^ GUG` BAU）。 疊磚也（TIAB^ ZON NE` 堆磚頭）。 疊高疊正（TIAB^ GO TIAB^ ZANG^ 堆高、堆 整齊）。 2、折疊。 疊被（TIAB^ PI 摺疊棉被）。
TIAM`	痶	疲倦。 盡痶（CHIN^ TIAM` 很累）。
TIAM^	墊	墊也（TIAM^ ME`）：用水草、竹條、竹篾或 藤條織成的，承放五穀、曬五穀蔬菜用 的平面鋪墊。
TIAUv	調 调	1、適當配合均勻。 調味（TIAUv MI^）。 調酒（TIAUv JIU`）。 調勻（TIAUv YUNv 調和均勻）。 調和（TIAUv FOv）。 調節（TIAUv JIED`）。 調製（TIAUv Z^）。 調配（TIAUv PI^）。 2、和解。如： 調解（TIAUv GIAI`）。 調停（TIAUv TINv）。 3、戲弄。如： 調戲（TIAUv HI^）。

		調侃（TIAUv KON 以言語挑逗）。 調笑（TIAUv SEU^）。 調情（TIAUv CHINv）。 4、使正常。 調整（TIAUv ZN`）。    調控（TIAUv KUNG`）。 調音（TIAUv IM 矯正提琴、鋼琴等的絃音正 常）。 5、徵問盤查。 調查（TIAUv TSAv）。 6、適時。如： 風調雨順（FUNG TIAOv I` SUN^）。 7、保養 調養（TIAUv IONG）。 調理（TIAUv LI 調養料理）。 調劑（TIAUv JI^ 使生活苦樂平均；配合藥 物）。
TIAU` TIU`	丟	丟棄，拋擲。 丟歇 (TIAU` = TIU` HED` 丟掉 )。    丟上去 ( TIAU` SONG HI^ 扔上去)。 丟落圳 (TIAU`=TIU` LOG^ ZUN^ 丟入水溝)。
TIAU`	窕	窈窕（IAU` TIAU`）：a、女子美好恬靜貌。 b、妖冶貌。
TIAU^	調	1、更動、派遣。同「掉 TIAU^」。 調動（TIAU^ TUNG^）。 調任（TIAU^ IM^）。 調派（TIAU^ PAI^）。 調兵（TIAU^ BIN）。 調遣（TIAU^ KIAN` 調派）。    調上調下（TIAU^ SONG TIAU^ HA 常被調              動）。    調換（TIAU^ UON^ 掉換）。    輪調（LINv TIAU^ 輪流）。    調虎離山（TIAU^ FU` LIv SAN 引誘老虎離 開，以便利安全行動。騙人離開根 據地，以期達到某種目的）。 2、才幹。 才調（TSOIv TIAU^）。 3、語音的高低、音樂的聲律。 聲調（SANG TIAU^）。 音調（IM TIAU^）。

		曲調（KYUG` TIAU^）。
TIAU^	糶	賣出糧食。 　　　糶米（TIAU^ MI`）。
TIN	震	動。莫震動（MOG^ TIN TUNG　身體不要動）。
TIN^	定	慢慢地，不急。 　　　定定焉行（TIN^ TIN^ NE HANGv　慢慢地 　　　　　　　走）。
TIONG^	暢	高興。 　　　暢樂（TIONG^ LOG^　歡喜快樂）。 　　　蓋暢（GOI^ TIONG^　很歡喜高興）。
TO TO`	妥	1、穩當、安全、適合。 　　　妥當（TO= TO` DONG^）。 　　　穩妥（UN` TO=TO` 穩當）。 　　　不妥當（Mv TO= TO` DONG^）。 2、完備。 　　　辦妥矣（PAN^ TO= TO` UEv 辦妥了）。
TOv	妥	1、用繩索穩住、綁緊、拴緊。 　　　妥牛（TOv NGYUv 拴牛）。 　　　妥緊（TOv HENv）：拴緊、固定好。 2、安穩、同「妥 TO, TO`」。 　　　妥帖（TOv TIAB` 穩當安適）。 　　　妥善（TOv SAN^ 妥帖適當）。 　　　妥當（TOv DONG^ 穩適）。
TOv	鴕	鴕鳥。 　　　大鴕髀（TAI^ TOv BI`　大腿，像鴕鳥的大 　　　　　　　腿）。
TOv	絢	絢牛（TOv NGYUv　將牛拴好）。 　　　絢緊（TOv HENv 拴緊）。
TOv	馱 馱	牲口背負重物。 　　　馱運（TOv YUN^）。
TOv	駝	駝背（TOv BOI^ 人的背脊彎曲，如駱駝的背）。
TOv	朵 朵	1、花朵（FA TOv）。 2、耳垂。如： 　　　耳朵（NGI` TOv）。 3、朵頤（TOv Iv 兩頰輕動地吃東西）。
TOv	度	雙手伸展丈量的長度。 　　　一度（ID` TOv）：也稱「一尋（KIMv） 　　　　　　　長」。
TOv	鴕 鴕	1、鴕鳥（TOv NGIAU 最大的鳥，頭小頸長，翅膀 　　　　　不能飛，腿長有力，行走快速，生活在

157

		非洲沙漠地帶）。 2、大鴕髀（TAI^ TOv BI` 大腿，像鴕鳥腿一般的 　　　　　大腿）。 3、雞鴕也（GIE TOv UE` 未長成的雞）。 4、尾鴕鴕（MI TOv TOv）：鳥類尾腹部下垂。
TO^	唾	唾液（TO^ ID^ 口水）。 唾棄（TO^ KI^ 吐口水，鄙視而拋棄）。
TOG^	擇	挑選、揀選。 　揀擇（GIAN` TOG^ 揀選）。 　擇菜（TOG^ TSOI^ 把蔬菜中的雜草黃葉揀乾 　　　　淨）。 　擇一枝筆（TOG^ ID` GI BID` 選一枝筆）。
TOI	推	不接受、諉卸、推辭。 　推開（TOI KOI）。 　推辭（TOI TSv 推卻）。 　推懶（TOI LAN 推諉偷懶）。 　推不俐（TOI Mv LI^ 推不掉）。 　推三阻四（TOI SAM ZU` CI^ 以各種藉口設法 　　　　　　　推辭）。
TONv	揣	猜想。 　做謎分你揣（ZO^ LIANG^ BUN Nv TONv 出謎語 　　　　　給你猜）。 　揣著矣（TONv TSOG^ GEv 猜著了）。
TON	斷	折斷、斷絕。 　切斷（CHIED` TON）。 　斷絕（TON CHIED^）。 　拗斷（AU` TON 折斷）。 　咬斷（NGAU TON）。 　斷截（TON JIED` 斷成兩截或幾截）。 　斷線（TON CIEN^ 線斷了）。 　斷情（TON CHINv 斷絕感情）。 　斷腸（TON TSONGv 悲傷至極）。 　斷掌（TON ZONG` 掌紋橫斷）。 　斷烏（TON U 天黑了）。 　冇斷（MOv TON 沒有切斷）。 　斷節（TON JIED` 斷截了）。 　斷歇矣（TON HED` LEv 斷掉了）。
TONv	摶	用手揉成一團。 　摶草結（TONv TSO` GIED` 將稻草、蔗葉、茅 　　　　　草等綁紮成柴火）。
TONG	盪	洗滌。

		洗盪（SE` TONG 洗滌）。
		盪嘴（TONG ZOI^ 漱口）。
TONGv	塘	水池。
		魚塘（NGv TONGv 魚池）。
		池塘（TSv TONGv 大水池）。
		水塘（SUI` TONGv 大蓄水池）。
		陂塘（BI TONGv 大池塘）。
TONG^	宕	拖延。
		宕睡（TONG^ SOI^ 睡過了時間）。
		宕工（TONG^ GUNG 拖延工作時間,耽延工作）。
		一宕三春（ID` TONG^ SAM TSUN 一耽誤就是三年）。
TU	臭	臭鴨卵（TU AB` LON`=TSUN 孵過的臭蛋）。
TUv		如火如荼（Iv FO` Iv TUv）：開白花的茅,此種茅草一開花就漫山遍野,所以形容興盛熾烈。
TUD^	突	承受重量的物體滑走,但未完全脫落。
		突走矣（TUD^ ZEU` UEv 滑走了）。
TUG^	黷	1、虧。
		黷職（TUG^ ZD` 有虧職守）。
		2、貪得無厭。
		貪黷（TAM TUG^）。
		3、窮兵黷武（KYUNGv BIN TUG^ U 濫用兵力）。
		4、污垢。
		穢黷（UE^ TUG^）。
TUIv	頹	傻傻、痴呆、笨頭笨腦的。
		頹頹（TUIv TUIv）。
TUI`	蛻	1、蛇或昆蟲脫皮。
		蟬蛻（SAMv TUI` 蟬所脫的殼,蟲類脫落的皮）。
		蛻變（TUI` BIEU^ 比喻事物的更迭）。
		2、大孩子已穿不下的衣服,
		蛻分細個著（TUI` BUN SE^ GE^ ZOG`）：大孩子的衣服,蛻給小的孩子穿。
TUNv	填	填塞、填滿。
		填泥（TUNv NAIv）。
		填滿（TUNv MAN）。
		填平（TUNv PIANGv）。
TUNv	囤	米囤（MI` TUNv = TUN^ 米桶,米倉）。

TUN^		穀囤（GUG` TUNv=TUN^ 穀倉）。
		囤貨（TUNv=TUN^ FO^ 積存貨物）。
		囤積（TUNv=TUN^ JID` 存積）。
TUN`	遁	1、逃、避。
		逃遁（TOv TUN`）。
		遁北（TUN` BED` 敗北，潰敗逃走）。
		2、隱藏。如：
		遁跡（TUN` JID` 隱藏形跡）。
		遁形（TUN` HINv 隱藏形跡）。
		遁世（TUN^ S^ 退隱）。
		遁走（TUN` ZEU` 脫逃）。
TUN^	鈍 鈍	1、不銳利。
		刀鈍（DO TUN^ 刀子不快利）。
		鈍鈍（TUN^ TUN^ 刀不利貌、笨傻貌）。
		2、腦筋不靈活。
		腦鈍（NO` TUN^ 不聰明）。
		遲鈍（TSv TUN^ 不聰明）。
TUNGv	筒 筩	圓管。
		1、竹管。
		竹筒（ZUG` TUNGv）。
		2、粗大的圓管。
		圓筒（IANv TUNGv）。
		郵筒（YUv TUNGv 圓形郵寄信箱）。
		3、圓管狀的東西。
		筆筒（BID` TUNGv）。
		4、筒筐也（TUNGv KONG NGE` 罐頭罐子）。
		5、錢筒也（CHIENv TUNGv NGE` 儲蓄用竹
		筒）。
TUNGv	瞳	1、瞳孔，眼珠仁。亦稱：
		瞳仁（TUNGv INv 瞳孔）：眼珠仁 NGIAN` ZU
		INv。
		2、瞳人（TUNGv NGINv 從別人黑眼珠，照出自己
		的影子）。
		3、瞳孔（TUNGv KUNG` 眼球虹膜中央的小孔）。
TUNG`	捅	捅球也（TUNG` KYUv UE` 以長竿撞球）。
		捅柚也（TUNG` YU^ UE` 以長竿觸落樹上的柚
		子）。
TUNG^	慟 慟	極度悲哀、過分悲傷。
		哀慟（OI TUNG^）：極度悲痛。
		慟哭（TUNG^ KUG` 哀痛而哭泣）。
TUNG^	恫	恫嚇（TUNG^ HAG` 虛聲恐嚇，虛張聲勢恐嚇

		人）。
TS	癡 痴	1、人不聰明。 　　癡人（TS NGINv）。 　　癡呆（TS DEv＝NGOIv）。 2、精神失常。 　　癡癲（TS DIEN）。 3、沉迷、不回頭。 　　情癡（CHINv TS 沉迷於愛情）。 　　癡心妄想（TS CIM UONG^ CIONG` 不可能實 　　　　　　　現的夢想）。
TS	稚	稚嫩（TS NUN^ 嫩弱）。 幼稚（YU^ TS 知識未開）。 幼稚園（YU^ TS IANv 教導幼童的場所）。
TS TSv	雌	母的、女的、陰性的。 　　雌性（TS＝TSv CIN^女性、陰性）。 　　雌馬（TS＝TSv MA 母馬）。 　　雌蕊（TS＝TSv LUI` 雌性花蕊）。 　　雌雄（TS＝TSv HYUNGv 母的和公的、勝敗、高 　　　　　　　低）。
TSv , CHIv	粢	糯米軟版。 　　粢粑＝餈粑（TSv＝CHIv BA）。
TSv	遲	殺死： 　　凌遲（LINv TSv 先斷其肢體，再割其喉嚨的殘 　　　　　　酷死刑）。 　　遲牛（TSv NGYUv 殺牛）。 　　遲雞鴨（TSv GIE AB` 殺雞鴨）。 　　遲人放火（TSv NGINv BIONG^ FO` 殺人放 　　　　　　　火）。
TSv	匙	1、盛飯舀湯工具： 　　湯匙（TONG TSv 舀湯用的調羹也 TIAUv GANG 　　　　　NGE`。 　　飯匙也（FAN^ TSv E`）：添飯的匙板。 2、鎖匙（SO` TSv＝Sv 鑰匙）。 3、抹水泥石灰工具： 　　灰匙也（FOI TSv E` 抹水泥石灰用的匙 　　　　　　板）。
TSv	飼	飼料（TSv LIAU^ 養殖動物的食物）。
TSv	鋤	1、掘石、土，鏟草的工具。 　　山鋤（SAN TSv 掘石土用的 T 型粗壯鋤頭）。 　　鋤頭（TSv TEUv 掘土、鏟草、鏟平的農具，俗 　　　　　稱钁頭 GIOG` TEU）。

		2、以鋤動土。 　　鋤田（TSv TIENv）。
TSv	蚤	蚤也（TSv E` 會飛、會跳,藏在飛禽走獸身上 　　或藏在被蓆中吸血的小蟲）。 雞蚤（GIE TSv 藏在雞身上吸血的小蟲）。
TSv	疵	小毛病、缺點、過失。 　　瑕疵（HAv TSv 玉石或物體上的缺點、毛 　　　　病）。 　　吹毛求疵（TSOI MO KYUv TSv 想法找出毛 　　　　病）。
TS`	侈	奢侈（SA TS` 不節儉）。
TS`	褫	褫奪公權（TS` TOD^ GUNG KIANv 剝奪其行 　　使或享受公共權利的資格）。
TS^	雌	雌性動物的稱謂。 　　豬雌也（ZU TS^ E`）：未生育過的雌性豬仔。 　　貓雌也（MEU^ TS^ E`）：未生育過的貓。
TS^	飼	餵人吃食。 　　飼飯（TS^ FAN^ 餵飯）。 　　飼粥（TS^ ZUG` 餵稀飯）。
TS^	刺 刺	1、以尖物插入。 　　刺入（TS^ NGIB^）。 　　刺刀（TS^ DO 刺殺敵人用的尖刀）。 　　刺繡（TS^ CIU^ 用彩線在布上繡花繡字）。 2、以言語譏諷。 　　諷刺（FUNG TS^）。 3、以外物影響身心。 　　刺激（TS^ GID`）。 4、偵察、探聽。 　　刺探（TS^ TAM`）。 5、暗殺。如： 　　行刺（HANGv TS^）。 　　刺殺（TS^ SAD`）。 　　刺客（TS^ KIED` 行刺的人）。 6、聲音尖銳或寒風尖銳。 　　刺耳（TS^ NGI`）。 　　刺骨（TS^ GUD`）。
TSA	賒	買賣貨款延付；先取貨記賬,有錢時再付清。 　　賒欠（TSA KIAM^ 買物暫不付錢、先記 　　　　賬）。 　　賒米（TSA MI` 買米暫不付錢、先記賬）。 　　賒貨（TSA FO^ 賒欠貨物）。

TSAv	搽	塗抹。 搽粉（TSAv FUN` 抹化妝粉）。 搽油（TSAv YUv 抹油）。 搽藥也（TSAv IOG^ GE` 塗藥）。
TSA`	扯	1、撕裂。 扯開（TSA` KOI 撕開）。 扯壞矣（TSA` FAI` IEv 撕壞了）。 扯爛矣（TSA` LAN^ NEv 撕得稀爛）。 扯罅(裂)矣（TSA` UAD^ LEv 撕裂了）。 扯面皮（TSA` MIEN^ PIv 撕開人的醜陋面具。 傷人自尊，不給面子）。 2、手拉、手牽。 拖拖扯扯（TO TO TSA` TSA` 拉拉扯扯）。 3、扯飯（TSA` FAN^ 啟開食慾，很下飯）。
TSA^	岔	1、分叉的。 岔路（TSA^ LU^ 分岔的馬路）。 岔椏（TSA^ UA 樹分枝）。 分岔（FUN TSA^）。 2、轉移方向、話題轉題。 岔開（TSA^ KOI 轉移話題，引開話題）。
TSA^	喳	水龍頭的水瀉聲或小便聲。 喳尿（TSA^ NGIAU^）：屙尿，小便。 喳喳滾（TSA^ TSA^ GUN` 沖水或炒菜的響聲， 灑尿聲）。
TSA^	杈	1、分叉的樹枝。 樹杈（SU^ TSA^ 樹枝）。 杈也（TSA^ E` 樹枝草梗等雜物）。 笏杈（NED` TSA^ 樹刺，竹刺，樹枝等雜 枝）。 2、妨礙。如： 杈人（TSA^ NGINv 妨礙人）。 杈礙（TSA NGOI^ 妨礙）。 3、打杈（DA` TSA^ 豬牛狗貓等動物，即將分娩 時，找草木作墊或築巢，準備分娩）。
TSAB`	睬	「睬 TSAI`」的變音。理睬。 莫睬伊（MOG^ TSAB` Iv 不理他）。 睬不得（TSAB` Mv DED` 不能理，理睬不 得）。
TSAB`	畬	鏟泥土的鍬。 畬也（TSAB` BE` 畬子、小圓鍬）。 鐵畬（TIED` TSB` 圓鍬）。

		通「插」，同「鍤」。
TSAD`	掣	1、 快速牽動。 抽掣（TSU TSAD` a、趁人不備揭取其物。b、 　　　執拗牽制、不甘願地做。c、掣動）。 電會掣人（TIEN^ UOI^ TSAD` NGINv 觸電會抽 　　　掣人）。 莫掣恁大力（MOG^ TSAD`AN`TAI^ LID^ 別那麼 　　　用力抽動）。 2、 時間來不及。 赴不掣（FU^ Mv TSAD` 趕不上，時間來不 　　　及）。 走不掣（ZEU` Mv TSAD` 走避不及）。
TSAD`	搐	1、 抽痛、抽掣、動而痛。同「掣 TSAD`」。 緊抽緊搐（GIN` DUI` GIN` TSAD` 疼痛得又抽 　　　又搐）。 2、 牽制： 抽搐（TSU TSAD` 心不甘情不願地做）。
TSAD`	齰	齪齰（NGAD` TSAD` 器量狹小，過分捨不得花 　　　錢）同喫掣。
TSAD^	蜇	黃蜇（UONGv TSAD^ 蟑螂）。
TSAD^	灼	火燒。 灼到頭顱毛（TSAD^ DO` TEUv NAv MO 火燒到 　　　頭髮）。
TSAG`	拆	分開，拆卸。 拆開（TSAG` KOI）。 拆屋（TSAG` UG` 拆卸房子）。 拆散家庭（TSAG` SAN^ GA TINv 破壞、拆開 　　　家庭）。
TSAG^	拆	隔開。 拆開（TSAG^ KOI 隔開）。
TSAI	擽	用力以手搓揉： 擽鹹菜（TSAI HAMv TSOI^ 芥菜加鹽用雙手揉 　　　壓使之柔軟入味）。 擽粄漬（TSAI BAN` TSE^ 燙熟少許粄漬與生 　　　粄漬搓揉在一起，使之有黏性可做粄 　　　皮包餡）。
TSAI	災	「災 ZAI」的變音。 風災（FUNG TSAI）。
TSAIv, TSAI^	裁	磬裁（CHIN` TSAIv 彎腰恭敬等候裁決。隨你 　　　的意思定奪，或變音為 CHIN^ TSAI^，意 　　　思是：隨便你，隨便）。

164

TSAM	參	參加（TSAM GA）。 參考（TSAM KAU` 參照查考）。 參詳（TSAM CIONGv 商討）。 參天（TSAM TIEN 高聳入天）。 參拜（TSAM BAI^ 參見敬拜）。
TSAM	摻	1、混入、攪和。 摻水（TSAM SUI` 加入水）。 摻雜（TSAM TSAB^ 混入摻合）。 2、握住、保持。 摻手（TSAM SU` 握持）。 摻執（TSAM ZB` 握持）。
TSAM	攙	1、同「摻」混合。 攙入（TSAM NGIB^ 混入）。 攙合（TSAM HAB^ = GAB`混合）。 攙和（TSAM FOv 摻合）。 攙雜（TSAM TSAB^ 混合）。 麵粉攙發酵（MIEN^ FUN` TSAM FAD` GAU^）。 2、扶、挽。 攙扶（TSAM FUv 牽引扶持）。 3、傾倒向前而手著地。 攙到手（TSAM DO` SU`使手受傷）。
TSAMv	戳	尖物刺入。 刀戳（DO TSAMv 尖刀刺入）。 戳人（TSAMv NGINv 以刀刺人）。 戳蛤蟆頦（TSAMv HAv MAv GOI 刺入喉 嚨）。
TSAMv	慚	羞愧。 慚愧（TSAMv KUI` 內心羞愧）。
TSAMv	饞 饞	貪吃。 嘴饞（ZOI^ TSAMv）。
TSAMv	讒 谗	說別人壞話。 進讒（JIN^ TSAMv 投訴壞話）。 讒言（TSAMv NGIANv 說人不好的話）。 讒陷（TSAMv HAM^ 以讒言陷害）。
TSAM`	諂	以言語奉承巴結人。 諂媚（TSAM` MI^）。
TSAM`	懺	悔改、改過。 懺悔（TSAM^ FI` 後悔改過）。
TSAM^	像	相像。 不像（Mv TSAM^）。

		冇像我（MOv TSAM^ NGAIv 不像我）。
TSAM^	鏨 鐫	1、 切鑿或雕刻金石用的工具。 鋼鏨=鐫（GONG^ TSAM^ 剛斬）。 鐵鏨=鐫（TIED` TSAM^ 鐵斬）。 鏨=鐫斷（TSAM^ TON 斬斷）。 鏨=鐫刀（TSAM^ DO 雕刻金石的刀）。 鏨=鐫字（TSAM^ S^ 在金石上刻字）。 2、 金石的切鑿或雕刻。 鏨=鐫花（TSAM^ FA 雕花）。
TSAM^	站	路程或時間的一段叫 一站（ID` TSAM^）。
TSAN	纏	1、 盤問、環繞著使人無法脫身。 纏日纏夜（TSAN NGID` TSAN IA^ 日夜盤 問）。 纏矣一暗晡（TSAN NEv ID` AM^ BU 盤問了 一整夜）。 2、 倒纏（DO^ TSAN）：倒反。
TSAN`	竄	逃走、亂跑。 逃竄（TOv TSAN`）。
TSAN^	顫 顫	1、 發抖。 驚顫（GIANG TSAN^）。 2、 物體抖動。 顫動（TSAN^ TUNG^）。 3、 人或動物難制服的動作。 拼拼惱顫（BIN` BIN` NO` TSAN^ 掙扎反 抗）。
TSAN^	綻	衝出皮外，突出皮外、發芽、花開。 綻筍（TSAN^ SUN` 發芽）。 綻皮（TSAN^ PIv 翻皮）。 綻客（TSAN^ LIN` 使陰莖衝出包皮之外）。
TSAN^	棧	棧也（TSAN^ NE`）：放置碗筷的櫥櫃。 碗棧也（UON` TSAN^ NE` 放置碗盤的櫥 櫃）。
TSANGv	瞠	1、 睜大眼睛向前直視。 瞠視（TSANGv S^ 睜眼直看）。 瞠目（TSANGv MUG` 瞠視）。 瞠看哪（TSANGv KON^ NA^ 瞄瞄看，看一 看）。 2、 瞄準。 瞠準（TSANGv ZUN` 對準、瞄準）。 3、 強光射眼，使眼睛睜不開。

		瞠眼（TSANGv NGIAN`）。 瞠光（TSANGv GONG 強光射眼）。 4、瞠乎其後（TSANGv FU KIv HEU^ 趕不上、望塵莫及）。
TSANGv	撐	飽滿。 米撐也（MI` TSANGv NGE`）：爆米花和糖，聚合切塊的食物。
TSANG^	撐 撐	1、吃得太飽。 　撐飽矣（TSANG^ BAU` UEv 吃飽了）。 　豬撐大，狗撐壞（ZU TSANG^ TAI^, GIEU` TSANG^ FAI^ 豬吃飽會長大，狗吃太飽則不行）。 2、充滿、飽滿。 　袋也撐裂矣（TOI^ IE` TSANG^ UAD^ LEv 袋子撐破了）。 3、用竿槳撐船進行。 　撐船也（TSANG^ SONv 撐船）。 4、用棍、竿或用手撐擋。 　撐門（TSANG^ MUNv 頂緊門板）。 5、應話頂撞。 　撐話（TSANG^ FA 以言語頂撞人）。 　撐人（TSANG^ NGINv 以言語頂撞人）。
TSAU	追 趖	追趕，追逐。 　追=趖不到（TSAU Mv DO` 追不到）。 　在後背追=趖（TSOI HEU^ BOI^ TSAU 在後面追）。
TSAU^	躁	不安、性急。 　暴躁（PAU^ TSAU^）。 　躁急（TSAU^ GIB` 性急）。 　躁進（TSAU^ JIN^ 太過著急求進）。 　躁切（TSAU^ CHIED` 操心過切）。 　煩躁（FANv TSAU^ 心煩不安）。 　反躁（FAN` TSAU^）：夜裡睡不著。
TSAU^	搜	搜尋、翻尋。 　搜錢（TSAU^ CHIENv 到處翻尋金錢）。 　搜書包（TSAU^ SU BAU 在書包裡找東西）。
TSD`	斥	1、拒絕，逐。 　排斥（PAIv TSD`）。 　斥退（TSD` TUI^ 揮手令其退去、革職）。 　斥力（TSD` LID^ 力的對稱，物與物相互排斥

167

		的力量）。 2、 指責。 　　指斥（ Z` TSD`）。 　　斥責（ TSD` JID`）。 　　斥罵（ TSD` MA^）。
TSD`	叱	1、 惡聲罵人。 　　叱責（ TSD` JID`）。 2、 怒聲震動。 　　叱詫（ TSD` TSA^　發怒時所發出的喝責 　　　　　　聲 ）。 　　叱喝（ TSD` HOD`　怒叱 ）。
TSD^	侄 姪	1、 兄弟的子女。 　　侄=姪也（ TSD^ LE`　姪=侄子 ）。 　　侄=姪女（ TSD^ NG` ）。 2、 對父執輩的自稱。 　　子姪=侄（ Z` TSD^　兒輩,侄輩的通稱 ）。
TSD^	蟄	1、 蟲類冬眠。 　　蟄伏（ TSD^　FUG^ ）。 2、 比喻人躲著不出來。 　　蟄居（ TSD^　GI ）。 3、 驚蟄（ GIANG　TSD^　驚醒冬眠的蟲。廿四節 　　　　　　候之一。每年在陽曆三月五或六日 ）。
TSE	腥	(福佬音) 　　腥臊（ TSE TSAU　有魚有肉,食物豐盛 ）。
TSE	喳	鐃鈸、鐃鈸聲。 　　喳喳也（ TSE TSE E`　鐃鈸 ）。
TSE`	塌	塌陷。 　　塌塌（ TSE` TSE` ）:指鼻樑不高,鼻子塌塌 　　　　　　的 。 　　塌下去矣（ TSE` HA HI^ IEv　塌下去了、倒 　　　　　　了 ）。
TSE^	漬	蔓延、傳染、發酵。 　　漬開來矣（ TSE^ KOI LOIv IEv　墨水散開了、漬 　　　　　　開了 ）。 　　病會漬人（ PIANG^ UOI^ TSE^ NGINv　病會傳 　　　　　　染 ）。 　　火漬著屋（ FO` TSE^ TSOG^ UG`　火蔓延及 　　　　　　屋 ）。 　　粄漬（ BAN` TSE^　未做、未蒸的粄團 ）。
TSE^	滯	停留。 　　停滯（ TINv TSE^ ）。

168

		滯留（TSE^ LIUv 停留）。
TSED^	宅	住所。 住宅（TSU^ TSED^）。 林宅（LIMv TSED^ 姓林的住家）。
TSEM	饌	食物豐富。 盡饌（CHIN^ TSEM 很豐盛）。
TSEN	呻	痛苦呻吟。 痛于緊呻（TUNG^ NGA^ GIN` TSEN 痛得直呻吟）。
TSEN^	襯	病痛引起的淋巴腺腫或頭痛、發燒、忽冷忽熱等的併發症。 牙齒痛,襯于牽核（NGAv TS`TUNG^, TSEN^ NA^ KIAN HAD^ 牙痛引起淋巴腺腫）。 頭顱痛,襯于人緊顫（TEUv NAv TUNG^, TSEN^ NA^ NGINv GIN` ZUN 頭痛引起人發抖）。 病痛襯于肥肥寒寒（PIANG^ TUNG^ TSEN^ NA^ PIv PIv HONv HONv 病痛引起忽冷忽熱）。
TSEUv	柴	1、燒火用的草木。 柴草（TSEUv TSO` 炊火用木柴乾草）。 燒柴（SEU TSEUv 燃燒木柴）。 柴析（TSEUv SAG` 木柴片塊）。 拈柴（NGIAM TSEUv 撿取柴火）。 搐柴（KAI TSEUv 肩挑木柴）。 2、棺材。
TSEUv	樵	木柴、柴夫・ 樵夫（TSEUv FU 打柴的人）。 樵子（TSEUv Z` 樵夫）。 樵米（TSEUv MI` 柴米油鹽等生活必需品）。 樵蘇（TSEUv SU 撿柴取草）。
TSEUv	憔 顇	苦痛而枯瘦。 憔悴（TSEUv TSUI^ 枯瘦）。 憔慮（TSEUv LI^ 苦思深慮）。
TSEUv	瞧	瞧見（TSEUv GIAN^ 看見）。
TSEU^	湊	1、會聚。 湊錢（TSEU^ CHIENv 聚錢）。 湊雙（TSEU^ SUNG 湊成雙數）。 湊單（TSEU^ DAN 湊成奇數）。

		2、 迎合。 湊數（TSEU^ SU^ 湊齊數目）。
TSEU^	嚼 咀	用齒咀嚼食物。 嚼糜（TSEU^ MIENv 咬碎）。 嚼番豆（TSEU^ FAN TEU^ 嚼食花生米）。
TSEU^	召	招引，邀約。 召人（TSEU^ NGINv 邀約人）。 召朋友（TSEU^ PENv YU 邀約朋友）。
TSM`	饕	吃食不知節制。 恁饕（AN` TSM` 吃食如此不知節制）。
TSM`	闖	突入。 闖入（TSM` NGIB^ 不經許可的突入）。 闖禍（TSM` FO^）：闖出事端。
TSM^	沉	1、 溺水、浸水，押入水中。 沉水（TSM^ SUI` 浸入、壓入或沒入水中）。 沉死（TSM^ CI` 溺死）。 2、 頭沉沉（TEUv TSM^ TSM^ 低著頭）。
TSNv	澄	1、 水清澈。 澄澈（TSNv TSAD^ 水靜而清）。 澄清（TSNv CHIN a.使濁水靜定、水中雜質 沉澱變清。 b.解釋誤解、謠言。 c.平 定混亂）。 2、 心地清靜。 澄心（TSNv CIM）。
TSNv	橙	黃色帶微紅的柑橘類水果。 柳橙（LIU TSNv）。又稱"柳丁 LIU DEN"。 橙色（TSNv SED` 橘黃色,柑也 GAM ME` 色）。
TSNv	懲	1、 責罰。 懲罰（TSNv FAD^）。 懲處（TSNv TSU` 處罰）。 2、 警戒。 懲戒（TSNv GIAI^）。 懲辦（TSNv PAN^ 處罰治罪）。
TSN`	逞	顯示、向人表現、炫耀、比賽。 逞強（TSN` KIONGv 比比誰強,炫耀強 悍）。 逞靚（TSN` JIANG 炫耀美貌、比賽誰美）。 逞高（TSN` GO 比高,炫耀身高）。 逞遽（TSN` GIAG` 比快,炫耀快速）。 逞會（TSN` UOI^ 比賽誰能幹,炫耀能幹）。

TSOv	昨	昨晡日（TSOv BU = BUN NGID`）：昨天 昨暗晡（TSOv AM^ BU）：昨夜。
TSO^	磋	滑倒、溜滑。磋橫人（TSO^ UANG^ NGINv 滑倒人）。
TSO^	銼 剉	鋼製的摩削器具。 　　鋼銼=剉（GONG^ TSO^ 使鐵磨損、磨平、磨光，使刀快利的銼刀）。 　　銼刀=剉（TSO^ DO）。
TSO^	撮	隔水燉煮，以酒燉食物。 　　撮酒（TSO^ JIU`用酒燉肉、雞、魚）。 　　酒撮燒來（JIU` TSO^ SEU LOIv 酒以器皿隔水煮熱）。
TSOD`	掣	施騙術獲得東西或達到目的。 　　會掣人（UOI^ TSOD` NGINv 會欺騙人）。 　　狡騙嗹掣（HIEU PIEN^ LIEN^ TSOD`用不正當的手法獲利）。 　　掣把戲（TSOD` BA` HI^ 玩蒙騙的把戲）。
TSOD`	擲	擲標槍似的投擲。 　　擲過去（TSOD` GO^ HI^）。
TSOD`	啜	喝、吸、嘗。 　　啜粥（TSOD` ZUG` 喝稀飯，吮食稀飯）。 　　咬薑啜醋（NGAU GIONG TSOD` TS^ 吃薑喝醋伴飯，比喻生活清苦）。
TSOG`	彳	右步小步走。 　　打彳彳（DA`CHID`TSOG` 無目標的漫步）。
TSOG`	觸	相撞。 　　相觸（CIONG TSOG`）。 　　觸到人（TSOG` DO` NGINv 撞到人）。
TSOG^	著 鑿	對!沒錯。 　　著=鑿（TSOG^ 對!正確!）。 　　不著=不鑿（Mv TSOG^ 不對!）。
TSOI	在	位於，存在。 　　冇在（MOv TSOI 不在）。 　　在桌上（TSOI ZOG` HONG^）。 　　在哪位（TSOI NAI^ WI^ 在哪裡）？ 　　在這裡（TSOI IA` LE）。
TSOI	衰	衰過（TSOI GO^ 可憐）。
TSOIv	疽	人身上長的膿瘡。 　　發疽也（BOD` TSOIv IE`生瘡）。
TSOI`	彩	彩頭（TSOI` TEUv）：兆頭、預兆。

171

TSOI^	脆 脃	1、 容易折斷、破碎。 　　脆脆（TSOI^ TSOI^ 形容很脆，易斷易碎）。 　　脆命（TSOI^ MIANG^ 生命脆弱，易死）。 　　蔗也蓋脆（ZA^ E` GOI^ TSOI^ 甘蔗很脆，容 　　　　　　易斷）。 　　腳骨脆脆（GIOG` GUD` TSOI^ TSOI^ 腳骨 　　　　　　很脆，容易折斷）。 2、 食物易碎。 　　煎餅盡脆（JIEN BIANG` CHIN^ TSOI^）。 3、 聲音清亮。 　　清脆（CHIN TSOI^）。
TSOI^	材	1、 竹木一截，甘蔗一截： 　　一材甘蔗（ID` TSOI^ GAM ZA^）。 2、 皮肉的質相。 　　肉材好（NGYUG` TSOI^ HO` 皮肉質相 　　　　　　好）。
TSON	閂	1、 關門： 　　閂門（TSON MUNv 關鎖門，加門閂）。 2、 關鎖門的橫木： 3、 門閂也（MUNv TSON＝SON NE`）。
TSON`	喘	1、 呼吸急促。 　　氣喘（HI^ TSON` 喘氣急速）。 　　哮喘（HAU TSON` 氣管阻塞喘氣急速的 　　　　　　病）。 　　殘喘（TSANv TSON` 臨死時的喘氣）。 　　喘氣（TSON` HI^ 呼吸透氣急促）。 2、 氣喘病（HI^ TSON` PIANG^ 俗稱發哮 BOD` 　　　　　　HAB`）。
TSON^	傳	1、 記載人一生事跡的文字。 　　傳記（TSON^ GI^）。 2、 古人事跡。 　　傳也書（TSON^ NE` SU 傳記、故事書）。 　　講傳也（GONG` TSON^ NE` 講述古人事 　　　　　　跡）。
TSON^	篡	臣子奪取帝位。 　　篡位（TSON^ WI^）。
TSON^	撰	著述。 　　撰寫（TSON^ CIA` 寫作）。 　　撰文（TSON^ UNv 著作）。 　　撰著（TSON^ ZU^ 著作）。 　　撰述（TSON^ SUD^ 著述）。

TSONG	丈	對親戚的尊稱。 姊丈（JI` TSONG 姊夫）。 姑丈（GU TSONG 姑母的丈夫）。 姨丈（Iv TSONG 姨母的丈夫）。 丈公（TSONG GUNG 姨婆、姑婆的丈夫）。 丈人老（TS ONG NGINv LO` 岳父、老丈人）。 丈母哀（TSONG ME OI 丈母娘、岳母）。
TSONG^	闖	闖上闖下（TSONG^ SONG TSONG^ HA 來往出入）。 闖走矣（TSONG^ ZEU` UEv 迷路了）。 闖差路（TSONG^ TSA LU^ 迷路）。
TSONG^	鬯	祭祀用的香酒。 鬯揶（TSONG^ IA 合手或拿香拜神鬼）。
TSONG^	撞	相撞（CIONG TSONG^ 相碰）。 撞到（TSONG^ DO` 兩物相撞）。 撞倒（TSONG^ DO` 相撞而跌倒）。 撞橫矣（TSONG^ UANG^ NGEv 撞倒了）。 撞到車也（TSONG^ DO` TSA E` 撞到車子）。 盎撞（ONG^ TSONG^ 頂撞長輩、不聽話）。 衝撞（TSUNG TSONG^ 前衝撞擊）。
TSONG^	愴	悲傷。 愴痛（TSONG^ TUNG^）。 愴傷（TSONG^ SONG）。 悽愴（CHI TSONG^）。
TSU	樞	1、門軸。 戶樞（FU^ TSU= SU）。 樞軸（TSU= SU ZUG` 樞要所在）。 2、主要的地方。 中樞（ZUNG TSU= SU）。 樞要（TSU= SU IEU^ 辦事總機關）。 樞紐（TSU= SU NEU` 事物的主要點）。
TSUv	芻	反芻（FAN` TSUv 牛羊將吃進去的草或食物，反退口中再嚼食）。
TSUv	雛	1、剛孵出的小鳥。 雛鳥（TSUv NGIAU）。 雛雞（TSUv GIE 小雞）。

173

		2、 幼小的。 雛兒（TSUv Iv 幼兒）。 雛妓（TSUv GI 未成年的妓女）。 3、 雛型（TSUv HINv）：依實體縮小的模型。 4、 雛鳳（TSUv FUNG^ 比喻賢子弟）。
TSUv	酬	報酬（BO^ TSUv 報答）。 酬勞（TSUv LOv 以財物報答辛勞的人）。 酬謝（TSUv CHIA^ 以財物答謝）。 酬金（TSUv GIM 酬謝的錢）。 壯志未酬（ZONG^ Z^ WI^ TSUv 大志願未 實現）。 應酬（IN^ TSUv 交際往來）。
TSU`	醜	1、 相貌難看。 靚醜（JIANG TSU` 好看和難看）。 醜陋（TSU` LEU^ 不好看）。 2、 可恥或可厭惡的事。 醜事（TSU` S^ 不體面的事）。 醜惡（TSU` OG` 惡劣的事物）。 醜名（TSU` MIANGv 壞名聲）。 3、 不雅觀的。 醜態（TSU` TAI^）。
TSUD`	齣	戲劇一回或做事一樁： 一齣戲（ID` TSUD` HI^）。 做一齣事（ZO^ ID` TSUD` SE^ 作一陣工 作）。
TSUD^	擦	擦拭。 擦淨（TSUD^ CHIANG^ 擦拭乾淨）。 擦桌也（TSUD^ ZOG` GE` 擦桌子）。
TSUD^	捽	1、 擦拭。 捽手（TSUD^ SU` 擦手）。 捽嘴（TSUD^ ZOI^ 擦嘴）。 捽燥（TSUD^ ZAU 擦乾）。 2、 摩擦： 捽來火（TSUD^ LOIv FO` 摩擦生火的火柴）。
TSUG`	畜	牲畜。 牲畜（SEN TSUG` 飛禽走獸）。 畜生（TSUG` SANG 牲畜、罵人禽獸）。
TSUG`	叱	出話激憤人。 講話叱人（GONG` FA^ TSUG` NGINv 說話激怒 人）。
TSUG^	嗽	咳嗽（KIED` TSUG^）。

174

		嗽冇停（TSUG^ MOv TINv 咳嗽不停）。
TSUG^	猝	以反作用,急促將東西抖出。 猝出來（TSUG^ TSUD`LOIv 從衣服中把隱藏的東西抖出來).。
TSUG^	濁	濁水（TSUG^ SUI` 不清澈的水）。 濁流（TSUG^ LIUv 不清澈的河流）。 污濁（U TSUG^ 不乾淨）。 濁音（TSUG^ IM 不清脆的音。如：布、帝、歌是濁音，舖、替、科是清音）。
TSUG^	漱	1、漱口（TSUG^ KIEU` 用水清洗口腔）。 2、漱淨（TSUG^ CHIANG^ 在水中猛搖晃洗衣服使之乾淨）。
		揣想（TSUI` CIONG` 猜想）。 揣測（TSUI` TSED` 猜測）。 揣度（TSUI` TU^ 猜想臆測）。 揣摩（TSUI` MOv 仔細推究、忖度）。
TSUI^	墜	1、向下垂。 下墜（HA^ TSUI^ 下垂）。 耳墜也（NGI` TSUI^ IE` 耳墜子）。 2、向下垂落。 墜落（TSUI^ LOG^）。 墜下來（TSUI^ HA LOIv）。
TSUI^	悴	憔悴（TSEUv TSUI^ 形容枯瘦困苦）。
TSUI^	縋	1、用繩索從高處吊東西往下墜。 對五樓縋下來（DUI^ NG` LEUvTSUI^ HA LOIv 從五樓縋下來）。 對窗也縋下去（DUI^ TSUNG NGE` TSUI^HA HI^ 從窗子縋下去）。 2、往下拉吊。 縋樹桍（TSUI^ SU^ PA` 把樹枝拉下來;吊在樹枝上）。
TSUN	春	卵、蛋。 雞春（GIE TSUN 雞蛋）。 鴨春（AB` TSUN 鴨蛋）。 鵰春（DIAU TSUN 鳥卵）。 生春（SANG TSUN 生蛋）。 灰鴨春（FOI AB` TSUN 鹹鴨蛋）。
TSUN	伸	伸腰（TSUN IEU 舒展）。 伸手（TSUN SU`）。 伸長（TSUN TSONGv 拉長,延伸）。 伸直（TSUN TSD^ 彎變直）。

		手伸出來（SU` TSUN TSUD` LOIv）。
TSUN	剩	剩個（TSUN GE^ 剩下的）。 剩方幾多（TSUN MOv GI` DO 剩下無 幾）。 方剩（MOv TSUN 沒有剩下）。
TSUN`	蠢	蠢動（TSUN` TUNG^ 騷動）。 愚蠢（NGIv TSUN` 愚笨）。 蠢人（TSUN` NGINv 無知的人）。 蠢才（TSUN` TSOIv 愚蠢的人、笨蛋！）
TSUN^	抻	以指碾壓摩擦，使凝血流暢。 用手指抻（YUNG^ SU` Z` TSUN^）。
TSUNG	囪	煙囪（IAN TSUNG）：爐子上通氣出煙到屋頂 的管子。
TSUNG	沖	1、 用水流力量刷洗。 沖水（TSUNG SUI`）。 沖洗（TSUNG SE`）。 2、 用開水澆灌。 沖茶（TSUNG TSAv）。 3、 被洪水衝破或毀壞。 沖破（TSUNG PO^）。 4、 向上直進。 沖天（TSUNG TIEN）。 5、 抵銷。 沖喜（TSUNG HI` 以喜事沖淡霉氣，化凶為 吉）。 沖淡（TSUNG TAM 加水使濃味變淡；以他 種消遣來減輕思念）。
TSUNG	舂	1、 搗米、搗藥的臼子稱為 舂臼（TSUNG KYU）。 2、 用杵在臼裡搗物。 舂米（TSUNG MI`）。 舂藥（TSUNG IOG^）。
TSUNG`	冢 塚	1、 高墳： 墓冢（MU^ TSUNG`）。 冢埔（TSUNG` PU 墳場）。 2、 山頂： 山冢（SAN TSUNG`）。 3、 居長的： 冢子（TSUNG` Z`）。 4、 大： 冢宰（TSUNG` ZAI`）。

TSUNG^	銃	舊時指槍械之類的火器。 火銃（FO` TSUNG^ 步槍、手槍，以火藥發射子 　　彈的槍枝）。 銃也（TSUNG^ NGE` 槍枝的通稱）。 長銃（TSONGv TSUNG^ 長槍,步槍）。
TSUNG^	熏	1、 煙向上冒，以煙熏炙。 熏腳（TSUNG^ GIOG` 以燒藥草或藥物的煙,熏 　　炙腳底）。 2、 氣味刺激人的鼻喉。 熏人（TSUNG^ NGINv 臭味逼人）。 3、 熏老鼠（TSUNG^ LO^ TSU` 以煙逼老鼠出 　　來）。
U	瘀	瘀青（U CHIANG）：成紫色的皮下瘀血處。
U Uv	毋	毋須（U CI 不須）。 毋忘（U UONG^ 不要忘記）。 毋庸（U YUNG 不必）。
Uv	誣	誣害（Uv HOI^ 誣賴陷害）。 誣陷（Uv HAM^ 誣賴陷害）。 誣賴（Uv LAI^ 將過錯責任加在別人身 　　上）。 誣衊（Uv MED^ 捏造事實毀壞他人聲譽）。 誣告（Uv GO^ 捏造事實去控告他人）。
U^	惡	厭惡（IAM^ U^ 不喜歡、討厭）。 可惡（KO` U^ 厭恨）。 羞惡（CIU U^ 羞恥）。 愛惡欲（OI^ U^ YUG^ 喜愛、厭惡、欲 　　望）。
U^	芋	芋也（U^ UE`）：蔬類植物,地下莖： 芋頭（U^ TEUv）。 芋荷（U^ HOv 芋頭與葉子之間的葉柄）。
UA	窪	低窪（DAI UA 低陷的）。 窪地（UA TI^ 低陷的地）。
UA	凹	凹陷（UA HAM^ 比平面低窪）。 低凹（DAI UA 凹陷）。
UA	枒 椏	樹大分枒（SU^ TAI^ FUN UA 亦喻兄弟長大 　　後分家）。
UA GUA	呱	呱呱落地（UA UA LOG^ TI^ 嬰孩出生時及其 　　哭聲）。
UAv	華	月光華華（NGIAD^ GONG UAv UAv 月亮光 　　華）。

177

UA`	偎	親近依傍： 　　偎靠（ UA` KAU^ 依靠 ）。 　　偎憑（ UA` BEN^ 憑靠 ）。 　　偎傍（ UA` BONG` 偎依 ）。 　　偎大片（ UA` TAI^ PIEN` 投靠強大的一邊 ）。
UA^	話	我來話伊（ NGAIv LOIv UA^ Iv 我來勸導、指 　　責他 ）。
UAD`	斡	轉彎。 　　轉斡（ ZON` UAD` ）。 　　彎斡（ UAN UAD` ）。 　　斡左片（ UAD` ZO` PIEN` 向左轉 ）。
UAD`	泧	泧冷（ UAD` LANG 東西或手腳冰冷 ）。
UAD`	挖	從盛器中挖出糊狀、膠狀物。 　　挖糊（ UAD` GANG 挖漿糊 ）。 　　挖藥膏（ UAD` IOG^ GAU ）。
UAD^	䶕 裂	裂開。 　　䶕歇矣（ UAD^ HED` LEv 裂開且脫開了 ）。 　　䶕鼻（ UAD^ PI^ 鼻子裂開脫落了 ）。
UAG`	揭	用棍子挖揭或勾起。 　　揭起來（ UAG` HI` LOIv ）。
UAI	凿	捨不得、吝嗇。 　　恁凿（ AN` UAI 這麼吝嗇 ）。
UANv	還	償付、復回。 　　還書（ UANv SU ）。 　　還錢（ UANv CHIENv ）。 　　償還（ SONG` UANv 歸還，償付 ）。
UANG^	橫	跌倒。 　　橫倒（ UANG^ DO` 摔倒，跌倒 ）。 　　捹橫人（ GANG^ UANG^ NGINv 絆倒人 ）。
UD`	曲	使彎曲、使直。 　　曲圓（ UD` IANv 以手力或他力拗成圓圈 ）。 　　曲直（ UD` TSD^ 以他力拗直 ）。 　　曲頭（ UD` TEUv 埋沒人才 ）。
UD`	抔	以插箕、畚斗盛物入袋或入倉。 　　抔地圾（ UD` TI^ SEB` 裝垃圾 ）。 　　抔穀（ UD` GUG` 盛穀入袋或入倉 ）。
UD`	鬱	鬱悴（ UD` ZUD` ）：抑鬱寡歡。〔河洛 　　音〕。
UE^	喊	喊叫、戲鬧出聲： 　　喊喊滾（ UE^ UE^ GUN` ）：哇哇叫，哭叫 　　　聲。

		嘁天嘁地（ UE^ TIEN UE^ TI^ 喊叫喧鬧聲驚動天地 ）。
UE^	穢	1、 骯髒的。 污穢（ U　UE^ ）。 2、 醜惡的、羞恥的。 穢事（ UE^　S^ ）。 3、 田中雜草。 田穢（ TIENv　UE^ ）。
UNv	熅	微弱的火、慢火： 熅火（ UNv FO` 慢火 ）。 熅膠（ UNv GAU 煮牛皮膠、猴膠 ）。 熅豬肉（ UNv ZU NGYUG` 慢火悶煮豬肉 ）。
UNv	渾	水濁不清。 渾水（ UNv SUI` 濁水 ）。
UN^	紊	紊亂（ UN^　LON^　散亂、凌亂 ）。
UN^	搵	蘸、沾。 搵鹽（ UN^ IAMv 蘸鹽 ）。 搵豆油（ UN^ TEU^ YUv 沾醬油 ）。 搵浴（ UN^ IOG^ 整個身體的浸浴或長久時間的浸浴 ）。
UNG^	甕	口小腹大的陶器、大缸。 酒甕（ JIU` UNG^ ）。
UO	渦 涡	1、 水流旋轉形成中間低窪的地方。 漩渦（ CIENv　UO ）。 水渦（ SUI` UO 漩渦 ）。 2、 人的面頰有深陷的渦稱為 酒渦（ JIU` UO 酒窟也 JIU` FUD` LE` ）。
UO	萵	蔬菜之一： 萵苣（ UO KI 俗稱「苣也MAG` GE`」 ）。 筒萵菜（ TUNGv UO TSOI^ 萵苣 ）。
UOv	禾	禾也（ UOv UE` 稻子 ）。 禾苗（ UOv MEUv 稻秧 ）。 蒔禾（ S^ UOv 插秧 ）。 割禾（ GOD` UOv 收割稻子 ）。 禾稈（ UOv GON` 稻草 ）。 禾埕（ UOv TANGv 曬穀場 ）。 禾蝦（ UOv HAv 蚱蜢 ）。 禾鐮（ UOv LIAMv 割稻用的鐮刀 ）。 禾鐮也（ UOv LIAMv ME` 割稻用的鐮刀 ）。 禾鵯也（ UOv BID` LE` 小鳥麻雀 ）。

179

UOv	和	和尚也（UOv SONG^ NGE` 和尚）。
UOG` WID`	豁	豁歇（UOG` HED`＝WID` HED` 丟掉、丟棄、扔掉）。 豁過去（UOG`＝WID` GO^ HI^ 丟過去，扔過去）。
UOG`	沃	1、 土地肥美。 　　肥沃（PIv UOG`）。 2、 灌溉、澆灌。 　　沃田（UOG` TIENv 灌溉田禾）。 　　沃花（UOG` FA 澆花）。
UOG`	摑	打以巴掌。 　　摑一巴掌（UOG` ID` BA ZONG`）。
UOG^	鑊 鍋	烹飪器具。 　　鑊＝鍋也（UOG^ GE` 鍋子）。 　　電鑊＝鍋（TIEN^ UOG^）。 　　油鑊＝鍋（YUv UOG^）。 　　炒菜鑊＝鍋也（TSAU` TSOI^ UOG^ GE` 炒菜鍋）。
UOI	煨	以炭火悶燒。 　　煨番薯（UOI FAN SUv 燜熟甘藷）。
UOI	搋	1、 手腳失靈、癱瘓。 　　手搋搋（SU` UOI UOI 手不能動彈）。 2、 投擲。 　　搋石頭（UOI SAG^ TEUv 拿石頭投擲）。
UON	渾	渾身（UON SN 全身）。 渾隻（UON ZAG` 整隻）。 渾下（UON HA^ 整個）。 渾間屋（UON GIAN UG` 整間房屋）。
UON`	喚	喚人去買（UON` NGINv HI^ MAI 派人去買）。 喚伊來做（UON` Iv LOIv ZO^ 叫他來做）。 喚不動（UON` Mv TUNG 使喚不動）。
UON^	換	1、 對調。 　　交換（GAU UON^）。 　　調換（TIAU^ UON^）。 　　更換（GANG UON^）。 　　換址（UON^ BAN）。 2、 改變、更改。 　　換衫（UON^ SAM 換衣服）。 　　換錢（UON^ CHIENv 兌換零錢）。

		換藥（UON^ IOG^ 改換藥物）。
UONG^	衁	血。豬衁也（ZU UONG^ NGE` 豬血）。 鼻衁也（PI^ UONG^ NGE` 鼻血）。
WIv	帷	分隔內外的帳幕： 窗帷（TSUNG WIv 窗簾）。 床帷（TSONGv WIv 床簾）。 帷幄（WIv UOG` 帳幕，尤指軍營帳幕）。
WIv	違 违	1、 不依從、不遵守。 違法（WIv FAB` 不守法）。 違背（WIv BOI^ 不依從）。 違心（WIv CIM 不出於本心）。 2、 離別。 久違（GYUv WI` 久別）。 3、 依違（I WIv 遲疑不決）。
WIv	緯	緯度（WIv TU^ 地球上從赤道到南北極間所 畫的與赤道平行的緯線所表示的度 數）。 經緯（GIN WIv 織物的縱橫線、地球的經度 和緯度、辦事的步驟計畫）。 緯事（WIv S^ 治理天下）。
WIv	闈	宮闈（GYUNG WIv 宮中后妃的住處）。 庭闈（TINv WIv 內室）。 闈場（WIv TSONGv 考試場）。 入闈（NGIB^ WIv）：考試命題印卷的地方， 工作人員進入闈場工作。
WI`	諉	推諉（TUI WI` 推託）。
WI`	鮪	鮪魚（WI` NGv 鱣魚。金鎗魚。日本稱まぐろ 或しび）。
WI`	慰	慰問（WI^ UN^ 用安慰的話向人問候）。 慰勞（WI^ LO^ 為辛勞的人表示撫慰）。 安慰（ON WI^ 用話安人的心）。 慰唁（WI^ NGIAN^ 弔問死者家屬）。 欣慰（HYUN WI^ 心安）。
WI^	餵 餧	餵養（WI^ IONG 養育）。 餵粥（WI^ ZUG` 飼以稀飯）。 餵豬（WI^ ZU 給豬食物）。 餵狗（WI^ GIEU` 給狗食物）。 餵雞餵鴨（WI^ GIE WI^ AB` 給雞鴨食 物）。
WI^	膩	食膩矣（SD^ WI^ IEv 吃膩了）。 看膩矣（KON^ WI^ IEv 看膩了）。

		看到就膩（KON^ DO` CHIU^ WI^ 看見就 覺得膩）。
YU	悠	悠閒（YU HANv 從容樣）。 悠然（YU IANv 清閒樣）。 悠久（YU GYU` 長久）。 悠遠（YU IAN` 長遠）。 悠揚（YU IONGv 聲音廻盪向遠處傳揚）。 悠忽（YU FUD` 虛耗光陰）。 悠思（YU S 沉思）。
YU	幽	幽暗（YU AM^ 形容地方避靜陰暗）。 幽靜（YU CHIN^ 幽雅清靜）。 幽谷（YU GUG` 深靜的山谷）。 幽思（YU S 深思）。 幽情（YU CHINv 幽雅的情懷）。 幽雅（YU NGA` 清靜雅致）。 幽會（YU FI^ 男女間秘密約會）。 幽居（YU GI 隱居）。 幽禁（YU GIM^ 單獨監禁）。 幽明（YU MINv 月光和日頭，陰間和陽間，智 　　愚或善惡， 　　　　無形的和有形的）。 幽默（YU MED^）：humour，humorous，的 　　譯語，是含蓄滑稽有趣而深思的意思。
YU^	釉 幼	1、 陶瓷器表面所塗的一種光滑物質，以石英,硼 　砂,長石,白堊,陶土等混合研碎加水製成。 　上釉（SONG^ YU^ 塗釉）。 　彩釉（TSAI` YU^ 彩色的釉）。 2、 引申為「粗糙」的反面:細膩。 　粗釉=幼（TSU YU^ 粗糙或細膩光滑）。 　面皮盡釉=幼（MIEN^ PIv CHIN^ YU^ 臉面皮 　　　膚很光滑）。 　過釉=幼（GO^ YU^）：在粗糙的表面細磨、 　　　細鉋或細抹，使之光滑。 　釉=幼布（YU^ BU^）：細質的布料，布面光 　　　滑的布料，如綢緞之類的布。
YU^	莠	莠民（YU^ MINv 不良份子）。 良莠不齊（LIONGv YU^ BUD` TSEv 好人壞人互 　　相參雜）。
YU^	宥	寬宥（KON YU^ 寬恕、原諒）。 赦宥（SA^ YU^ 寬赦）。 原宥（NGIANv YU^ 原諒）。

		宥免（YU^ MIEN 赦免）。
YUG`	郁	濃郁（NUNGv YUG` 香氣濃厚）。 郁馥（YUG` FUG^ 香味濃厚）。 郁烈（YUG` LIED^ 香味濃烈）。
YUG`	昱	1、 日光。 　　昱昱（YUG` YUG` 光耀貌）。 2、 照耀。
YUG`	煜	1、 火焰。 2、 光耀。 　　煜煜（YUG` YUG` 光明照耀的樣子）。 　　暉煜（FI YUG` 光明照耀貌）。
YUG^	裕	富裕（FU^ YUG^ 富足）。 充裕（TSUNG YUG^）。 裕後（YUG^ HEU^ 使後代富裕）。 裕國裕民（YUG^ GUED`YUG^ MINv 使國家人民 　　都富裕）。 寬裕（KON YUG^ 寬餘）。
YUG^	辱	恥辱（TS` YUG^羞恥）。 侮辱（U` YUG^欺負，使他人蒙羞）。
YUG^	褥	床褥（TSONGv YUG^ 床被）。 被褥（PI YUG^ 蓋的被子和墊被）。
YUI^	籲	大聲喊叫。 籲籲呼呼（YUI^ YUI^ FU FU）。
YUI^	銳	銳利（YUI^ LI^）：刀槍尖而鋒利。 敏銳（MEN YUI^ 敏捷）。 精銳（JIN YUI^ 精明敏捷）。
YUI^	睿	睿知（YUI^ Z^ 極其聰明）。 睿哲（YUI^ ZAD` 聖明睿智）。 睿明（YUI^ MINv 通達明理）。
YUN`	隕	隕落（YUN` LOG^ 墜落）。 隕滅（YUN` MED^ 死亡）。
YUN`	隱	隱約（YUN` YOG`形容模糊不清且不彰顯）。 隱密（YUN` MED^）。 隱藏（YUN` TSONGv 藏在隱密處）。 隱居（YUN` GI 退居山野不問世事）。 隱瞞（YUN` MANv 藏匿實情，隱藏不欲人 　　知）。
YUN^	熨	熨斗（YUN^ DEU`用熱鐵燙平衣物的器 　　具）。 熨平（YUN^ PIANGv 用熨斗燙平）。 熨衫褲（YUN^ SAM FU^ 燙平衣服）。

YUN^	閏 闰	曆法上每過幾年積餘的時間。陰曆是三年一個閏五年兩個閏月。陽曆是四年閏出一天放在二月。 　　閏年（ YUN^　NGIANv ）。 　　閏二月（ YUN^　NGI^　NGIAD^ ）。
YUNG	壅	壅塞（ YUNG　SED` 阻塞、蓋滿 ）。 壅閉（ YUNG　BI^　塞住不通 ）。 壅被骨（ YUNG　PI　GUD` 蒙在被窩裡 ）。 壅土（ YUNG　TU` 覆蓋泥土，把土或肥料培 　　　　　在植物的根部 ）。 壅肥（ YUNG　PIv 覆蓋肥料 ）。 壅泥（ YUNG　NAIv ）：培土，以泥覆蓋。 壅埋（ YUNG　MAIv 覆蓋泥土掩埋 ）。
YUNG	傭	1、　受雇於人。 　　女傭（ NG`　YUNG ）。 2、　雇用。 　　傭工（ YUNG　GUNG 雇用工人、受雇的工 　　　　　人 ）。
YUNG	雍	雍容（ YUNG　YUNGv ）：有威儀。
YUNGv	茸	1、　草初生的樣子。 　　茸茸（ YUNGv YUNGv 或稱沒有梳的頭髮 ）。 2、　初生帶細毛的鹿角稱為 　　鹿茸（ LUG^　YUNGv ）。
YUNGv	熊	白熊（ PAG^　YUNGv ） 熊掌（ YUNGv ZONG` 熊的腳掌，一種珍貴食 　　　　品 ）。 熊熊（ YUNGv　YUNGv 火光盛大 ）。
YUNG`	慫慂(恿) 慂 恿	慫慂(恿)（ SUNG`　YUNG` ）：唆使、勸誘。
YUNG`	冗	撥冗（ BAD`　YUNG` 撥開繁忙的事 ）。 冗員（ YUNG`　IANv 閒散無事的官員 ）。 冗費（ YUNG`　FI^　無益的費用 ）。 冗長（ YUNG`　TSONGv 文章長而不切實 　　　際 ）。
Z	茲	茲事體大（ Z　S^　TI`　TAI^ 這、此事不小 ）。 茲者（ Z　ZA` 現在 ）。 茲定於...（ Z　TIN^　I　現在定於 ）...
Z	滋	滋養（ Z　IONG 可補養身體的養分 ）。 滋補（ Z　BU` 有滋養料可補身體健康 ）。 滋生（ Z　SEN 生出、生長 ）。 繁滋（ FANv　Z 繁殖 ）。 滋味（ Z　MI^ 食物的味道 ）。

Z	脂	脂肪（Z FONGv 動物體內固體油質。 油脂（YUv Z）。 脂膏（Z GAU 油膏、豐饒、人民的財富）。 脂粉（Z FUN`）：化妝品胭脂和粉。 胭脂（IAN Z 口紅、女子化妝用紅色顏料）。
Z`	子	嫩、尚未成熟。 子薑（Z` GIONG 新生的嫩薑）。 子肉（Z` NGYUG` 嫩肉）。 子子（Z` Z`）：未成熟、嫩嫩的。 力還子（LID^ HANv Z` 力量還不夠強 壯）。 子子肉肉（Z` Z` NGYUG` NGYUG` 太過疼惜子 女貌）。
Z`	只	量詞。一束謂之一只（ID` Z`）。 一只蔗尾（ID` Z` ZA^ MI 一束甘蔗葉）。
Z`	黹	縫紉等女紅（NG` GUNG）稱為 針黹（ZM Z` 女子做針線刺繡等工作）。
Z` 、	梓	1、 樹木名。 2、 木匠。 梓人（Z` NGINv 木匠）。 3、 把文字刻在木板上稱為： 梓板（Z` BAN`）：準備印出書報，稱為： 付梓（FU^ Z` 付印）。 4、 桑梓（SONG Z` 鄉里）， 梓里（Z` LI）：故鄉。
Z`	籽	植物的種子;種仁。 種籽（ZUNG` Z` 種仁）。 瓜籽（GUA Z` 瓜類的種子）。 籽仁（Z` INv 種子）。
Z`	咫	咫尺（Z` TSAG`）：極近的距離。 咫尺天涯（Z` TSAG` TIEN NGAv 距離近， 但無法接觸，等於遠在天邊）。
Z^	桎	桎梏（Z^ GU^ 桎：腳鐐，梏：手銬。引喻做事受 束縛,不能自由）。
Z^	緻	精細、細密。 精緻（JIN Z^）。 細緻（SE^ Z^）。 標緻（PEU Z^ 細膩）。
Z^	窒	窒息（Z^ CID` 呼吸不通）。 窒礙（Z^ NGOI^ 阻塞不通）。 窒塞（Z^ SED` 阻塞）。

Z^	摯	誠懇： 　　誠摯（SNv　Z^）。 　　懇摯（KIEN`　Z^）。通「贄」，「鷙」。
Z^	幟	1、　旌旗。 　　軍幟（GYUN　Z^）。 2、　派脈。 　　獨樹一幟（TUG^　SU^　ID`　Z^　獨創一派）。
ZA	遮	1、　攔擋。 　　遮擋（ZA　DONG`）。 2、　掩蔽。 　　遮蔽（ZA　BI^）。 　　遮掩（ZA　AM＝IAM`）。 　　遮羞（ZA　CIU　遮蔽羞恥的私處）。 3、　傘。 　　遮也（ZA　E`　傘）。 　　紙遮也（Z`　ZA　E`　油紙傘）。 　　洋布遮也（IONGv　BU^　ZA　E`　洋傘，花布 　　　　　　傘）。
ZA	渣	物質經壓榨、提取精華後的剩餘部分。 　　蔗渣（ZA^　ZA）。 　　人渣（NGINv　ZA　無用的人，人間垃圾）。 　　渣滓（ZA　Z`）：沉澱物、廢物。 　　檳榔渣（BIN　LONGv　ZA）。
ZA	抓 揸	1、　以手或爪緊握。 　　抓緊（ZA　HENv　抓緊）。 　　抓到頭顱毛（ZA　DO`　TEUv　NAv　MO　抓到頭 　　　　　　　　髮）。 2、　捕捉。 　　抓賭（ZA　DU`　捕捉聚賭的人）。
ZA^	炸 煤	用油浮炸、煎、煮食物，同油炸的「炸」， 　　油炸（YUv　ZA^　用油浮　PEUv　炸，日語："揚あげ 　　　　　る"，油揚：あぶらあげ）。
ZA^	詐	欺詐（KI　ZA^　欺騙、假裝）。 　　詐騙（ZA^　PIEN^　欺騙）。 　　偽詐（NGUI`　ZA^　欺詐）。 　　詐術（ZA^　SUD^　詐騙手段）。 　　詐降（ZA^　HONGv　偽詐投降）。 　　詐財（ZA^　TSOIv　騙錢）。 　　詐色（ZA^　SED`　詐欺女色）。 　　詐事（ZA^　S^　假詐，假裝的）。 　　詐病（ZA^　PIANG^　裝病）。

		詐死（ZA^ CI` 裝死）。 詐睡（ZA^ SOI^ 裝睡）。
ZAB`	摺	1、 摺疊。 　　摺紙（ZAB` Z`）。 　　摺衫褲（ZAB` SAM FU^ 摺疊衣服）。 　　摺褲腳（ZAB` FU^ GIOG` 將長褲的褲腳摺 　　　　　　短）。 2、 疊起的。如： 　　摺尺（ZAB` TSAG` 可摺疊的尺）。 　　百摺裙（BAG` ZAB` KYUNv 很多摺的裙子）。
ZAB`	紮	1、 停留、暫住。 　　紮營（ZAB` IANGv）。 　　紮夜（ZAB` IA^ 宿夜）。 2、 賴著不走。 　　紮穩矣（ZAB` UN` NEv 賴佔著不走了）。
ZAB`	輒	車也輒歌矣（TSA E` ZAB` HED` LEv 車輪壓垮 　　　了）。
ZAB`	扎	1、 扎實、堅實、強壯。 　　身體盡扎（SN TI` CHIN^ ZAB` 身體很 　　　　　　壯）。 2、 鑽入，刺入。 　　扎心（ZAB` CIM 刺中隱私）。 　　扎手（ZAB` SU` 刺手，事情難應付）。 　　扎根（ZAB` GIN 生根）。 2、 鐵扎（TIED` ZAB`有堅固鐵齒像鋤頭形狀的掘草 　　　挖土農具）。
ZAB^	蹔	以腳掌踐踏。 　　蹔水（ZAB^ SUI` 在多水地面踩踏）。 　　蹔上蹔下（ZAB^ SONG ZAB^ HA 在水地上走 　　　　　來走去）。
ZAD`	扎	掙扎（ZEN ZAD`）：用力抗拒。
ZAD`	紮	1、 纏緊。 　　紮紗布（ZAD` SA BU^ 以紗布包紮傷口）。 　　用布紮緊（YUNG^ BU^ ZAD` HENv 用布紮 　　　　　緊）。 2、 心胸受壓、不開朗。 　　心肝紮紮（CIM GON ZAD` ZAD` 心緒不開 　　　　　朗）。
ZAD`	測	量力而為。忖量時間、忖量大小、忖量輕重、忖量 長短。 　　測力做（ZAD` LID^ ZO^ 量力而為）。

		測時間（ZAD` Sv GIAN 量好時間做）。 測看哪（ZAD` KON^ NA^ 忖度看看）。 測脈（ZAD` MAG` 把脈）。
ZAD`	鍘	1、 鍘刀（ZAD` DO 刀的一端裝有固定樞紐，可 　　　以切草切藥材或切斷人頭的鋼刀）。 2、 切斷： 　　鍘草鍘藥（ZAD` TSO` ZAD` IOG^ 切草切藥 　　　　材）。 　　開鍘（KOI ZAD` 舉起鍘刀有刀柄的一端，準 　　　　備行刑切斷人頭）。
ZAD^	紫	心緒不開朗。 　　心肝紫紫（CIM GON ZAD^ ZAD^）。
ZAG`	炙	1、 放在火上燒、烤、薰。 　　炙茶（ZAG` TSAv 煮開水泡茶）。 　　炙火（ZAG` FO` 烤火取暖）。 2、 受太陽曬： 　　炙日頭（ZAG` NGID` TEUv 曬太陽）。 　　風吹日炙（FUNG TSOI NGID` ZAG` 風吹日 　　　　曬）。
ZAG`	摘 摭	以指捏斷或以他力取下。 　　摘=摭取（ZAG` CHI`）。 　　摘=摭花（ZAG` FA）。 　　摘=摭柚也（ZAG` YU^ UE` 摘下柚子）。 　　摘=摭柑也（ZAG` GAM ME` 摘取橘子）。
ZAG`	謫	指謫（Z` ZAG`譴責）。 交謫（GAU ZAD` 交相指責）。 貶謫（BIEN` ZAG` 官員因罪放逐到遠方）。
ZAG`	磧	重壓，抵押： 　　磧底（ZAG` DAI` 人以盛器送禮，收到禮品之 　　　　後，回放禮品於盛器中。押金、保證 　　　　金）。 　　磧石頭（ZAG` SAG^ TEUv 以石頭壓住）。
ZAG`	窄	狹窄（HAB^ ZAG`狹隘）。 寬窄（KON ZAG` 寬闊與狹窄）。 窄門（ZAG` MUNv 狹門）。
ZAG^	截	攔截。 　　攔截（LANv ZAG^）。 　　截到矣（ZAG^ DO` UEv 攔截到了）。 　　莫截伊（MOG^ ZAG^ Iv 別阻攔他）。 　　去頭前截（HI^ TEUv CHIENv ZAG^ 到前面去 　　　　攔截）！

ZAI	仔	魚仔（NGv ZAI）：魚苗。
ZAI	崽	小畜牲，又是罵人的話： 崽也（ZAI IE`）：a、小孩子。 b、小動物。 兔崽也（TU^ ZAI IE` 小兔子、小孩子）。 狗崽也（GIEU` ZAI IE` 小狗、小孩子）。
ZAI^	寨	1、 防備匪寇侵襲的柵欄。 營寨（INv ZAI^）。 2、 山寇聚落處。 山寨（SAN ZAI^）。 山寨版（SAN ZAI^ BAN` 仿造品，劣質 貨）。
ZAM	粳	粳也（ZAM ME` 在來種的禾稻、稻穀、稻 米）。 粳米（ZAM = GANG MI` 無黏性的米，在來米、 長形米）。
ZAM`	斬	1、 砍斷。 斬首（ZAM` SU` 斬頭）。 斬斷（ZAM` TON 砍斷）。 斬頭（ZAM` TEUv 砍頭）。 斬草除根（ZAM` TSO` TSUv GIN 除盡惡 奸）。 2、 同「嶄ZAM`」，很、極。 斬新（ZAM` CIN 簇新）。
ZAM`	嶄	1、 嶄巖（ZAM` NGAMv = NGIANv）：極高的。 房屋建造得結實而壯觀。 2、 非常、格外、極其。 嶄巖好（ZAM` NGIANv HO` 非常好）。 嶄巖靚（ZAM` NGIANv JIANG 極其美貌）。
ZAM^	滲	液體從小漏洞或小裂痕中滲透出來。 滲水（ZAM^ SUI` 水滲透出來）。
ZAN	孱	孱孱（ZAN ZAN 長不大的樣子）。 孱弱（ZAN NGIOG^ 病弱）。 研孱（NGAN ZAN 瘦弱、長不大、見老不見大 的樣子）。
ZAN^	輾 輾	1、 滾動。 滾滾輾（KUN` KUN` ZAN^ 滾動著）。 球也輾過去矣（KYUv UE` ZAN^ GO^ HI^ IEv 球滾過去了）。 2、 碾壓、輪子壓過。 車也輾死人（TSA E` ZAN^ CI` NGINv 車子 壓死人）。

189

		分輪也輾斷矣（BUN LIEN^ NE` ZAN^ TON NEv 被輪子碾斷了）。
ZANG	正	年初。 出正（TSUD` ZANG 年初）。 正月（ZANG NGIAD^ 一月、元月）。
ZANG	爭	1、 努力求取。 　　相爭（CIONG ZANG）。 2、 吵論。 　　爭論（ZANG LUN^）。 　　爭吵（ZANG＝ZEN TSAUv）。 3、 搶先。如： 　　爭先（ZANG CIEN）。 4、 差異、改善。 　　爭差（ZANG＝ZEN TSA 相差、改善）。 　　冇爭（MOv ZANG 沒有差異、沒有改善）。
ZANG	增	改善、差異。同「爭ZANG」。 　　冇增（MOv ZANG 沒有增加或改善多少）。 　　冇卡增（MOv KA^ ZANG 沒有改善多少）。
ZANG	踵	腳後跟。 　　腳踵（GIOG` ZANG 腳跟）。 　　高踵鞋（GO ZANG HAIv 高跟鞋）。
ZANG	掙	手掙（SU` ZANG 手掌靠手腕、手掌著地時撐持著力處）。
ZANG`	繕 整	把壞的、不全的器物修補好、整修好、修理、補綴。 　　繕＝整屋（ZNANG` UG` 整修屋子）。 　　修繕＝整（CIU ZANG` 整修）。 　　繕＝整車也（ZANG` TSA E` 修車子）。
ZANG^	掙	掙力（ZANG^ LID^ 出力、用力）。
ZANG^	正	1、 不偏、不歪。 　　不正（Mv ZANG^）。 　　坐正來（TSO ZANG^ LOIv 坐好，坐正）。 　　放冇正（BIONG^ MOv ZANG^ 沒有放正）。 2、 為人老實、正直。 　　做人盡正（ZO^ NGINv CHIN^ ZANG^ 為人正直、不偏不倚）。 3、 即將。 　　正愛去（ZANG^ OI^ HI^ 正準備去）。 4、 剛剛，才。 　　正食飽（ZANG^ SD^ BAU` 剛吃飽）。

		正買個（ZANG^ MAI GE^ 剛買的）。
ZANG^ NGIANG^	才	1、 剛才、剛剛。 才來（ZANG^ LOIv）。 2、 只有、僅僅。 才買一粒（ZANG^ MAI ID` LIAB^ 只買一 個）。 3、 才： 寫好才睡（CIA` HO` ZANG^ SOI^）。 入來才講（NGIB^ LOIv ZANG^ GONG` 進來才 說）。 愛食飯才會大（OI^ SD^ FAN^ ZANG^ UOI^ TAI^要吃飯才會長大）。
ZANG^	掙	出力掙（TSUD` LID^ ZANG^ 出力撐、出力 逼出）。 再掙一下添（ZAI^ ZANG^ ID` HA^ TIAM 再用力多撐一些時間）。 掙不出來（ZANG^ Mv TSUD` LOIv 如生孩 子或大便,擠逼不出來）。
ZAU	蹧	蹧蹋（ZAU TAB` a.浪費財物,b.侮辱他人）。
ZAU`	爪	禽類的腳趾甲稱為 腳爪（GIOG` ZAU`）。 雞爪（GIE ZAU`）。
ZAU`	找	補不足或還給多餘的。 找錢（ZAU` CHIENv）。 不使找（Mv S` ZAU` 不必找錢）！
ZAU`	搔	用指甲扒抓。 搔癢（ZAU` IONG 抓癢）。 搔出血（ZAU` TSUD` HIAD` 抓出血了）。
ZAU^	笊	可過濾的撈物器具,從鍋中撈起食物的網形用具。 笊籬（ZAU^ LEUv 同"罩籬"）。 笊撈（ZAU^ LEUv 過濾撈物器具）。
ZD`	窒	阻塞： 窒礙（ZD` NGOI^）。 窒息（ZD` CID` 呼吸不通）。
ZE	屏	瘦小,最弱小的。 屏屏（ZE ZE）。 屏尾也（ZE MI IE` 同陣中最小的）。
ZEB`	撮	撮鹽（ZEB` IAMv 以三個手指取鹽）。
ZED`	側	側著身體睡,不是平躺： 打側睡（DA` ZED` SOI^ 側著身體睡覺）。 打側放（DA` ZED` BIONG^側放,不是平放）。

ZED`	測	測到（ZED` DO` 嘗試後感覺到）。
ZEM	砧	1、用刀切物的墊板。 砧板（ZEM BIONG）。 2、用刀切剁。 砧豬菜（ZEM ZU TSOI^ 切剁豬菜）。 砧肉丸（ZEM NGYUG` IANv 剁碎肉，做肉丸子）。
ZEMv	蹬	馬蹄、牛腳或人穿皮鞋踩人。 蹬人（ZEMv NGINv 踩人）。 蹬印（ZEMv IN^ 蓋章）。 分牛蹬到（BUN NGYUv ZEMv DO` 被牛踩到）。
ZEM`	揕	蓋印、用印。 揕印（ZEMv IN^）。
ZEM`	蹬	「蹬DEM`」的變音。 蹬腳（ZEM`＝DEM` GIOG` 踩腳步）。
ZEN ZEN^	憎	1、忿恨： 憎恨（ZEN＝ZEN^ HEN^）。 2、厭惡： 憎厭（ZEN＝ZEN^ IAM^）。
ZEN^	甑	炊蒸： 1、炊蒸所用的瓦罐。 2、飯甑（FAN^ ZEN^）：蒸飯用的盛飯木桶。
ZEU	贅 招	男子到女家成婚。 贅＝招婿郎（ZEU SE^ LONGv 招贅女婿）。 贅＝招老公（ZEU LO` GUNG 女人招贅男人為夫）。 分人贅＝招（BUN NGINv ZEU 男人被招贅到女家）。
ZM	斟	1、用壺倒酒或倒茶。 斟酒（ZM JIU`）。 斟茶（ZM TSAv）。 2、斟酌（ZM ZOG`）：a.斟酒而飲。b.度量考慮。
ZM^	揕	用指甲刺壓。 揕人（ZM^ NGINv 用指甲刺壓人）。 用手指甲揕梨也（YUNG^ SU` Z` GAB` ZM^LIv IE` 以指甲刺壓梨子，試其成熟度）。
ZM^	針	刺入後扣緊。 銀針也（NGYUNv ZM^ ME` 別針）。

192

ZO	糟	1、 酒糟（JIU` ZO）：釀酒時，提酒剩下的渣滓。 2、 糟糟（ZO ZO）：胃中缺乏油膩的感覺。 　　糟腸灼肚（ZO TSONGv NAD` DU` 腸胃中缺乏油膩的感覺）。 3、 炒糟手（TSAU` ZO SU` 不靈活、不聽使喚的手）。
ZOD`	拙	1、 笨、愚鈍、不靈巧。 　　笨拙（BUN^ ZOD` 愚鈍）。 2、 自謙辭。 　　拙見（ZOD` GIAN^ 謙稱自己的意見）。 　　拙著（ZOD` ZU^ 謙稱自己的著作）。 　　拙荊（ZOD` GIN 謙稱自己的妻子）。 3、 劣拙（LOD` ZOD`）：又笨又差又難看。
ZOD^	嗾	以口吸吮。 　　嗾田螺（ZOD^ TIENv LOv 以口吸出田螺肉）。
ZOG`	著	1、 穿衣服、穿鞋子。 　　穿著（TSON ZOG` 穿衣著鞋）。 　　著鞋（ZOG` HAIv）。 　　著襪（ZOG` MAD` 穿襪子）。 　　著衫褲（ZOG` SAM FU^ 穿衣服）。 2、 著棋也（ZOG` KIv IE` 下棋、對弈）。
ZOG`	斫	砍： 　　斫柴（ZOG` TSEUv 砍柴）。
ZOG`	砌	堆砌。 　　砌牆（ZOG` CIONGv）。 　　砌壩（ZOG` BOG` 堆砌防水堤）。 　　砌堋頭（ZOG` PENv TEUv 砌土堤）。
ZOI	朘	男子陰莖。 　　朘也（ZOI IE`）。
ZOI^	載	載人（ZOI^ NGINv 車船搭載人）。 　　載貨（ZOI^ FO^ 車船運貨）。
ZOIv	哉	哀哉（OI ZOIv）：病痛時的呻吟聲。
ZON	鑽	1、 在人叢中或從小洞中穿通。 　　鑽山洞（ZON SAN TUNG^）。 　　鑽來鑽去（ZON LOIv ZON HI^ 在人堆中穿梭）。 2、 專心研究。 　　鑽研（ZON NGIAN 窮究原理）。 　　鑽精（ZON JIN 窮究精深）。
ZUN^	坍	屋牆倒下。

193

		牆坍歇矣（CIONGv ZON^ HED` LEv 牆倒了）。
		屋也坍歇矣（UG` GE` ZON^ HED` LEv 房子坍塌了）。
ZON^	躺	平臥、倒臥。 躺一下（ZON^ ID` HA^ 躺睡一下）。 躺于路上（ZON^ NA^ LU^ HONG^ 倒在路上）。 躺于眠床上（ZON^ NA^ MINv TSONGv HONG^ 躺在床上）。
ZU`	丶	古「主」字。 點丶＝主（DIAM` ZU` 在王字上點一點，成為"主"字）。
ZU^	晝	白天、「夜」的相反。 白晝（PAG^ ZU^ 白天，白日，自日出至日落一段時間）。 晝夜（ZU^ IA^ 白天晚上）。 當晝（DONG ZU^ 中午）。 下晝（HA ZU^ 下午）。 上晝（SONG^ ZU^ 上午）。 食晝（SD^ ZU^ 吃午飯）。
ZU^	咒 呪	用不吉祥的話或祈求神鬼降災於所恨的人。 詛咒（ZU` ZU^）。 咒罵（ZU^ MA^ 以咒語罵人）。 咒語（ZU^ NGI 詛咒用語）。 咒猳罵絕（ZU^ GO MA^ CHIED^ 咒罵人猳獏GO MO，又絕子絕孫）。 符咒（PUv ZU^ 符籙＝符誥PUv GAU^ 和咒語）。
ZUG^	躓 踬	顛簸、上下跳動。 躓頓（ZUG^ DUN^ 車子上下顛簸顛頓）。 車也緊躓（TSA E` GIN` ZUG^ 車子一直在顛簸抖跳）。 錢躓出來矣（CHIENv ZUG^ TSUD` LOIv IEv 錢被顛簸抖出來了）。
ZUI^	腿	身體或四肢皮下水腫稱為： 腿水（ZUI^ SUI`）。 腿腿（ZUI^ ZUI^ 水腫貌）。 腳腿（GIOG` ZUI^）：腳腫水。
ZUN	顫	發抖。 凍于緊顫（DUNG^ NGA^ GIN` ZUN 凍得發

		抖）。 驚于緊顫（GIANG NGA^ GIN` ZUN 怕得發 　　抖）。
ZUN`	搏	以手扭動、鈕轉。 搏水（ZUN` SUI` 打開或鎖緊水龍頭）。 搏螺絲（ZUN` LOv S 轉動螺絲帽或螺絲 　　釘）。 搏電火（ZUN` TIEN^ FO` 開關電燈）。 搏發條（ZUN` FAD` TIAUv 時鐘手錶的上 　　弦）。
ZUN^	圳	田邊、路邊的水溝。 圳溝（ZUN^ GIEU）。 大圳（TAI^ ZUN^）。
ZUNG	舂	用杵在臼中搗米、豆或藥： 舂米（ZUNG MI`）。 舂藥（ZUNG IOG^）。 舂番豆（ZUNG FAN TEU^ 搗碎花生米）。 舂臼也（ZUNG KYU UE` 舂米的石臼）。
ZUNG	撞	1、 踫撞。 相撞（CIONG ZUNG 互相碰撞）。 撞壁（ZUNG BIAG` 衝撞牆壁）。 2、 到處張羅、想辦法或拉關係。 撞上撞下（ZUNG SONG ZUNG HA 到處奔 　　走、張羅，想辦法）。
ZUNGv	沖	水從高處向下沖瀉或傾倒。 沖水（ZUNGv SUI`）。
ZUNG^	種	種菜（ZUNG^ TSOI^）。 種作（ZUNG^ ZOG` 耕種）。 種觔斗（ZUNG^ KIN^ DEU` 頭觸地，腳伸向天， 　　倒翻身，倒栽蔥，翻跟斗）。

Collect Lost Hagga characters
客話漢字拾遺

Ten jen Liu compiled
劉丁衡 編著

www.ingramcontent.com/pod-product-compliance
Lightning Source LLC
Chambersburg PA
CBHW060240050426
42448CB00009B/1524